KB268539

언젠가 눈부시게 홀로 설, 그대에게

일러두기

– 원문 출처 및 책 구성 방식
이 책은 퍼블릭 도메인으로 공개된 《Letters to His Son, Complete》(E-book No.3361, Project Gutenberg)를 원문으로 삼았다. 수록된 편지 번호는 독서의 흐름을 고려해 순서대로 부여했으며 원문의 번호와는 다르다.

편지를 단순히 번역하는 데 그치지 않고, 오늘날에도 유효한 통찰과 조언이 담긴 서른여섯 편을 선별해, 독자가 편안하게 읽고 이해할 수 있도록 자기계발서 형식으로 재구성했다. 본문은 주제의 연관성에 따라 네 개의 파트로 나누고, 각 파트는 아홉 개의 챕터로 구성했다.

편지글은 원문의 흐름과 어조를 살리면서 의역과 축약을 통해 핵심만 담았다. 각 편지 뒤에는 독자의 이해를 돕기 위해 체스터필드의 가르침을 정리한 글을 덧붙였다. 글을 구성하는 과정에서 일부 표현과 문장은 원문과 다를 수 있으나, 본래 의미와 메시지는 충실히 반영하고자 했다.

언젠가
눈부시게 홀로 설,
그대에게

체스터필드가 전하는 품격 있는 삶의 태도에 관하여

필립 체스터필드 지음 | 문서연 편역

한가한오후

저는 이 책의 펴낸이이자 두 아들의 아버지입니다.

아이들만 보면 가슴 속에는 늘 해주고 싶은 말이 가득하지만, 정작 입 밖으로 꺼내지 못한 채 삼키는 순간이 더 많습니다. 아이들이 커갈수록 해주고 싶은 말은 많지만, 그 말이 얼마나 전하기 어려운 것인지를 새삼 깨닫습니다.

체스터필드의 편지를 정리하는 동안 저는 문장과 문장 사이에서 자주 멈추었습니다. 편지에 담긴 말들은 단순히 '고전의 지혜'라기보다, 제가 아이들에게 전하고 싶었으나 끝내 온전히 전하지 못했던 말들과 너무도 닮아 있었기 때문입니다.

살다 보면 누구나 길을 잃은 듯한 기분에 사로잡힐 때가 있습니다. 열심히 달리고는 있지만 어디로 향하고 있는지 알 수도 없고, 남들은 앞서가는 것 같은데 나만 제자리걸음을 하는 듯한 불안함이 밀려올 때도 있습니다. 무엇을 해도 즐겁지가 않고, 제대로 살고 있는지 확신이 서지 않는 그런 순간들 말입니다.

인생이 복잡하게만 느껴질 때 저를 다시 붙잡아 준 것은 대단한 해법이 아니라, 오히려 삶의 기본에 가까운 아주 단순한 태도였습니다. 동료에게 건네는 다정한 인사, 단정한 옷차림, 타인을 배려하는 말투 그리고 그 중심에는 나를 존중하는 마음이 있었습니다.

저는 체스터필드의 편지에서 삶의 방향을 일러주는 이정표를 만났습니다. 이미 여러 차례 소개된 글인데도 불구하고 이 책을 다시 엮은 이유가 여기에 있습니다.

그의 편지에는 세상을 먼저 살아본 어른으로서, 자신이 겪은 시행착오를 아들이 반복하지 않기를 바라는 간절한 마음이 담겨 있습니다. 그래서 그의 조언은 낡은 훈계가 아니라 지금도 유효한 삶의 기술이자 지혜로 다가옵니다.

　제가 글을 다듬으며 보낸 시간은, 우리 아이들의 미래를 그려보는 시간이기도 했습니다. 언젠가 아이들이 삶의 거센 파도에 흔들릴 때, 이 책이 든든한 버팀목이 되어 주기를 바랍니다. 부모가 직접 건넬 때는 닿지 않던 말도, 한 걸음 떨어진 자리에서 정제된 언어로 전하면 오히려 마음 깊이 스며든다는 사실을 이 편지들을 통해 다시 확인했습니다.

　삶의 방향을 고민하는 젊은 독자들의 곁에 이 책이 오래 머물기를 바랍니다. 길을 잃었다고 느껴질 때, 혹은 다시 기본으로 돌아가고 싶을 때 언제든 꺼내 볼 수 있는 든든한 지도가 되기를 소망합니다. 모든 내용에 깊이 공감하지 않으셔도 괜찮습니다. 다만 수백 년의 세월을 건너온 문장 속에서, 당신의 삶을 지켜줄 든든한 무기 하나쯤은 발견하기를 진심으로 바랍니다.

　부모로서, 혹은 인생의 선배로서 자녀와 후배에게 전하고 싶은 마음이 있다면 이 편지들에 잠시 맡겨보셔도 좋겠습니다. 조심스러워 미처 전하지 못한 당신의 진심을, 세월이 증명한 어른의 지혜로 대신 전해 줄 것입니다.

어른은 언젠가 사라지지만, 어른의 마음이 담긴 삶의 지혜는 오래 남을 것입니다. 이 책이 어둠 속에서도 빛나는 등대가 되어 여러분의 삶을 조용히 밝혀 주기를, 진심을 담아 바라봅니다.

2026년 3월, 어느 한가한 오후에

펴낸이 올림

세월을 건너 전해지는
어른의 품격

18세기 영국의 정치가이자 외교관이었던 필립 체스터필드(Philip Chesterfield)는 오랜 세월에 걸쳐 수백 통의 편지를 아들에게 남겼다. 이 편지는 단순히 가족 간의 서신이 아니라 한 시대를 살아낸 지성이 다음 세대에게 전하고자 했던 삶의 기술과 태도, 품위와 관계 그리고 교양과 사회적 감각이 고스란히 담긴 기록이었다.

체스터필드가 세상을 떠난 뒤인 1774년, 그 편지들은 『Letters to His Son』이라는 제목으로 출간되었다. 지극히 사적인 글임에도 불구하고 세상에 공개되자마자 많은 이들의 관심을 받았다. 처세와 매너, 인간관계와 세상을 읽는 법까지 담아낸 이 책은 '현실을 이해하는 데 가장 실용적인 교양서'라는 평가를 얻으며 널리 읽히게 되었다.

당대의 지식인들 또한 체스터필드의 글이 인간의 성향과 사회의 구조를 꿰뚫는 통찰을 지녔다고 평가했다. 그는 추상적인 미덕을 나열하기보다 사람이 실제로 움직이는 방식, 관계가 형성되는 과정, 기회가 만들어지는 구조를 현실적인 언어로 풀어냈다는 점에서 높이 인정받았다.

편지가 남긴 유산
: '실전형 교양'의 모범 『Letters to His Son』

체스터필드의 조언이 오래도록 힘을 갖는 이유는, 원칙에만 그치지 않고 세상이 실제로 작동하는 방식을 함께 드러냈기 때문이다. 그래서 이 편지들은 훈계라기보다 인생을 살아가는 데 필요한 구체적인 도구에 가깝다.

그가 건넨 것은 사람을 보는 관찰력과 관계에서 균형을 잡는 감각, 태도가 만드는 신뢰, 사회에서 자신을 지키는 전략 그리고 자신을 단련하는 내면의 기준이었다. 이는 성공을 위한 기술이 아니라 삶의 수준을 결정하는 태도의 훈련이다.

체스터필드의 편지는 왜 지금 다시 읽히는가?

그의 편지는 19~20세기 영국과 유럽 상류층 사이에서 중요한 교양서로 활용되었고, 미국에서도 예절과 사회적 처신을 가르치는 자료로 읽혔다. 그리고 오늘날에도 그 가치는 여전히 유효하다. 시대는 분명 달라졌지만, 인간의 본성과 관계의 본질은 크게 변하지 않았기 때문이다. 그는 능력보다 태도를, 지식보다 품위를, 성취보다 사람을 대하는 방식을 먼저 가르쳤다.

체스터필드는 자신의 편지가 세상에 공개되리라고는 상상하지 못했을 것이다. 그러나 그 사적인 기록에 담긴 솔직함이 오히려 오늘날까지 살아남게 한 힘이 되었다. 세상은 더 복잡해지고 관계는 더욱 섬세해졌지만, 인간의 마음은 예나 지금이나 크게 다르지 않기 때문이다.

인생이라는 항해에는 방향을 가리키는 나침반이 필요하다. 갈림길마다 길을 알려주는 지도, 시야를 넓혀 주는 망원경 그리고 목적지를 비춰주는 등대도 필요하다.

체스터필드의 편지는 바로 그 모든 역할을 한다. 지금의 위치를 돌아보게 하고 앞으로 나아갈 방향을 가리키며, 무엇을 준비해야 하는지를 일깨운다. 때로는 멈춰 서서 자신을 점검하라고 단호하게 말하기도 한다.

결국 이 편지들이 전하는 것은 분명하다. 사람을 보는 눈과 자신을 다스리는 절제, 세상을 판단하는 통찰이 인생의 항로를 결정한다는 사실이다.

어떻게 살아야 하는가? 그 질문에 대한 오래된 답

이 책은 과거의 편지를 단순히 옮기는 데 그치지 않고, 오늘의 언어로 다시 정리한 기록이다. 체스터필드가 남기고자 했던 것은 일시적인 성공이 아니라, 어떤 상황에서도 무너지지 않는 태도와 품격이었다.

오래된 편지가 지금 다시 펼쳐지는 이유는 분명하다. 우리가 여전히 같은 질문을 반복하고 있기 때문이다.

"어떻게 살아갈 것인가, 어떤 사람이 될 것인가"

PART I

· 인생의 나침반 ·

태도로 삶의 방향을 바로잡다

PART II

· 관계의 지도 ·

신뢰로 삶의 길을 찾아가다

PART III

배움으로 세상을 바라보다

PART IV

· 품격의 등대 ·

인생의 목적지를 비춰주다

태도로
삶의 방향을
바로잡다

인생에서 가장 먼저 다뤄야 할 대상은 타인도, 세상도 아닌 언제나 자기 자신이다. 체스터필드는 아들에게 "젊을 때의 태도가 인생의 방향을 결정한다."라고 말하며, 삶의 방향을 결정하는 힘은 외부의 조건이 아닌 내면의 태도에서 시작된다고 강조한다.

PART I에 실린 편지들은 서로 다른 주제를 다루고 있지만 하나의 메시지로 정리된다. 좋은 삶은 우연히 만들어지지 않는다. 올바른 방향을 잡는 태도, 즉 인생의 나침반을 갖추는 데서 모든 항해는 시작된다.

체스터필드가 먼저 강조한 것은 시간이다. 시간은 삶을

이루는 재료이자 삶의 방향을 확인할 수 있는 기준이다. 젊을 때의 시간을 어떻게 쓰느냐에 따라 인생의 방향이 결정된다고 보았다. 아무것도 하지 않은 채 흘려보낸 시간은 항로가 없는 항해와 같고, 짧은 순간이라도 의미 있게 쓰는 사람이 삶의 방향을 바꿀 수 있다고 믿었다.

이때 필요한 능력이 바로, 집중력이다.

한 번에 하나씩 몰입하는 힘은 단순히 생산성의 문제가 아니다. 이는 생각의 깊이를 더하고 배움을 단순한 축적이 아닌 진정한 이해로 이끈다. 또한 삶의 속도를 주체적으로 조절하게 하며, 나침반이 가리키는 올바른 방향을 놓치지 않게 한다.

배움에 대한 태도 역시 PART I의 중요한 핵심이다.

체스터필드에게 배움은 지식을 많이 쌓는 일이 아니라 지식을 다루는 감각을 기르는 과정이었다. 얕은 지식은 무지보다 위험하고, 지식을 과시하는 태도는 사람을 가볍게 만든다. 그는 지식을 주머니 속 시계처럼 필요할 때만 꺼내라고 조언하며, 스스로 정리하고 기록하는 습관이 배움을 자기 것으로 만든다고 말한다. 지식은 깊어질수록 단단해지고, 겸손하게 사용할 때 비로소 빛이 나는 법이다.

그러나 내면의 나침반은 책만으로는 완성되지 않는다.

세상을 보는 눈은 경험으로 단련된다. 사람들 사이의 태도와 말투, 일상의 모습과 사회의 분위기를 직접 보고 관찰할수록 판단력은 깊어진다. 사람은 경험이 쌓일수록 쉽게 흔들리지 않고, 자신만의 기준과 단단한 중심을 갖게 된다. 체스터필드가 말하는 성공은 재능이 아니라 태도에 달려 있다. 품격 있는 태도는 고상하게 보이기 위한 장식이 아니라, 사회에서 신뢰를 만들고 기회를 불러오는 실질적인 힘이다. 사람을 보는 눈과 경솔함을 줄이는 절제, 현명한 판단과 침묵의 지혜 그리고 예의를 기본으로 한 부드러운 존재감은 능력보다 먼저 갖춰야 한다. 이것이 인생의 방향을 가리키는 나침반이 되는 것이다.

태도는 하루아침에 완성되지 않는다. 매일의 작은 선택이 쌓이면 어느 순간 삶의 방향은 확실히 달라진다. 성공은 특별한 재능에서 비롯되는 것이 아니라 시간과 집중, 배움과 경험 그리고 작은 태도들이 쌓여 만들어지는 결과다.

체스터필드의 편지는 한 가지 사실을 일관되게 전한다.

내면이 단단해질 때 사람은 비로소 멀리 갈 수 있으며, 그 출발점은 언제나 '올바른 태도'에 있다는 것이다.

이성이라는 마차를
날마다 점검하라

1746년 10월 9일

사랑하는 아들아,

네가 여행 중 겪은 고생은 앞으로 살면서 마주하게 될, 인생의 어려움을 미리 보여주는 작은 예고편이라고 여기거라. 인생이라는 긴 여행에서 너를 끝까지 실어 나를 마차는 바로 '이성'이다. 그 마차가 튼튼한가에 따라 인생의 수준이 달라지니, 매일 점검하고 정비해야 한다. 정비를 소홀히 한 대가는 결국 네가 치르게 될 것이다.

나는 너의 마음에서 악한 것이나 위험한 결함을 다행스럽게도 지금까지는 보지 못했다. 그러나 게으름과 산만함, 무관심은 분명히 보았다. 이런 것들은 나이가 든 사람이라면 모를까, 젊은 사람에게는 아주 치명적인 약점이다. 젊은이라면 빛나고 싶은 열망과 자신을 단련하려는 의지 그리고 부지런함은 꼭 필요하다.

배움과 교양은 천재성보다는 집중력의 문제다. 역사와 정치, 지리와 언어 그리고 표현력 등, 이 모든 것은 남다른 재능이 아니라 꾸준한 관심과 정확한 관찰로 익힐 수 있다. 너에게는 그 조건들이 모두 주어져 있으니 만약 제대로 갖추지 못한다면, 그것은 전적으로 네 책임이라고 할 수 있다. 사람들과 더불어 살아가는 데도 필요한 자질은 마찬가지다. 표정이나 옷차림, 자세와 말투처럼 사소해 보이는 요소들이 사람의 호감과 신뢰를 결정한다는 사실을 잊지 말아라. 그리고 할 만한 가치가 있는 일이라면, 절대 대충하지 말고 온전히 집중해서 해야 한다.

사람들과 함께 있을 때, 절대 멍하게 있지 말아라. 대화에 집중하지 못하고 딴청을 피우거나, 상대의 기분을 헤아리지 못하는 모습은 무성의하거나 거만한 태도로 비칠 수도 있다.

그리고 사람은 상해를 입은 것보다 멸시받은 것을 더 오래 기억하는 법이니, 절대 함부로 말하거나 행동하지 말아라. 반대로 네가 그들의 취향을 이해하고 세심하게 배려한다면, 너의 작은 호의만으로도 상대에게 깊은 호감을 얻을 수 있을 것이다.

내가 하는 말들이 모두 네게 전해지지 않을 수도 있다. 그중 몇 가지만이라도 네 삶에 깊이 스며들어 너를 잘 이끌어 주기를 바란다. 신의 축복이 늘 너와 함께하길 바라며, 부디 잘 지내거라.

너의 아버지로부터

체스터필드는 첫 번째 편지에서 성장의 출발점은, 재능이 아니라 집중력과 태도라고 말한다. 그에게 집중력은 단순한 주의력이 아니라 배움과 관계, 나아가 인생을 대하는 자세 그 자체다. '이성'이라는 마차를 매일 단단하게 만드는 사람이 어려운 삶을 견디고 더 멀리 나아갈 수 있는 것이다.

젊음의 가치는 태도로 갈린다. 자신을 단련하려는 의지와 배우고자 하는 마음, 이를 행동으로 실천하는 부지런함이 있을 때, 비로소 젊음은 힘을 얻는다. 반대로 태도가 흐트러지면 게으름과 산만함이 자리를 잡고 기회는 조용히 멀어진다. 작은 습관과 순간의 몰입이 쌓여 삶의 전체 방향을 바꾼다.

체스터필드는 배움에 있어 천재성보다는 관심의 방향과 꾸준한 집중을 더 중요하게 생각했다. 방대한 지식뿐 아니라 말투와 표현력 같은 세심한 능력도, 결국 '어디에 관심을 두고 관찰하느냐'에 달려 있다. 하루를 마무리하면서 그날의 보고 느낀 것을 어떻게 해석했는지를 되새기는 습관은, 지식의 밀도를 높이는 가장 현실적인 훈련이다.

인간관계에서는 세심함을 강조한다. 대화에 온전히 집중하는 태도와 말의 온도, 옷차림과 예의 같은 요소들이 신뢰를 만든다. 그는 능력이 없는 사람보다, 무심함으로 순간의 예의를 놓치는 사람이 되지 말라고 말한다. 그리고 사람은 멸시당한 순간을 오래 기억한다는 사실도 절대 잊지 말라고 조언한다.

이 편지의 핵심 메시지는, 세심함으로 기회를 잡고 몰입으로 삶의 궤적을 바꾸라는 것이다. 재능을 세상이 인정하는 '실력'으로 바꾸는 힘은 오직 태도에 있다. 성장은 지금 당신의 눈앞에 있는 그 일에 온전히 파고드는 작은 집중에서 시작된다.

시간을 지배하는 자가
인생을 지배한다

1746년 12월 9일

사랑하는 아들아,

지금 내게 시간 여유가 없지만, 그래도 로잔으로 소포를 보내며 네게 몇 마디라도 남기고자 편지를 쓴다. 몸이 아팠는데도 불구하고 내게 축하 편지를 보내줘서 무척 고맙구나.

지금 내 자리는 남들이 보기에는 선망의 대상이겠지만, 사실 여러 상황이 겹쳐 마지못해 맡은 자리이기도 하다. 내가 이 일을 제대로 해내려면, 지금보다 더 강한 체력과 정신력이 필요하다. 네가 몇 살만 더 많았어도, 너를 불러 곁에 두고 함께 일했을 텐데 무척 아쉬운 마음이 든다. 그래서 나는 네가 앞으로 3~4년의 세월을 알차게 보내, 훗날 내게 도움이 될 만큼의 충분한 능력을 갖추기를 바라고 있다.

외교와 정무를 위해서 꼭 필요한 능력이 있다. 유럽 언어를 정확히 읽고 쓰고 말하는 능력, 국제법에 대한 이해와 신성로마제국의 헌법 구조, 역사와 지리 그리고 연대기 등에 대한 확실한 지식 같은 것들이다. 나는 네가 이런 능력을 갖춘 사람으로 자라길 바란다. 그렇다면 언젠가는 내 후임자가 될 수도 있다.

그리고 부디 시간을 허투루 흘려보내지 않기를 바란다. 물론 생각보다 지키기 어려운 일이기도 하다. 사람들과 어울리거나 걷기와 승마 같은 활동도 때에 맞게 한다면, 그것만으로도 충분히 의미 있는 시간 활용이다. 그러나 아무것도 하지 않은 채, 시간을 흘려보내는 것만큼은 절대 용납할 수가 없다. 시간은 너무 소중하며 한 번 지나가면 결코 되돌릴 수 없기 때문이다.

이만 줄인다. 신의 축복이 늘 너와 함께하길 바라며, 부디 잘 지내거라.

너의 아버지로부터

체스터필드의 가르침 

체스터필드는 다른 어떤 주제보다도 시간에 대해서는 언제나 단호했다. 그에게 시간은 단순한 자원이 아니었다. 제대로 쓴 시간은 재능을 넘어 실력을 만들며, 기회의 문을 여는 열쇠이자 한 사람의 품격을 가늠하는 척도가 된다. 그래서 그는 "앞으로의 3~4년을 어떻게 보내느냐가, 너의 30~40년을 결정한다."라고 했다. 시간은 그냥 흘러가는 것이 아니라, 미래를 만드는 원재료라는 것을 분명하게 말한 것이다.

그의 첫 번째 메시지는 명확하다. 시간은 곧 미래다.

목적 없이 흘러버린 시간은 배움과 기회를 빼앗아 가지만, 잘 채워진 하루는 몇 년의 성장을 앞당기기도 한다. 그가 아들에게 구체적인 능력을 요구한 것도, 철저한 시간 관리만이 그것을 가능하게 한다고 믿었기 때문이다.

두 번째는 '무의미한 시간'에 대한 날카로운 경고다.

사람을 만나고, 걷고, 말을 타는 평범한 일도 어떤 의미냐에 따라서 유익한 시간을 보낼 수 있다. 문제는 목적 없이 그냥 흘려보내는 시간이다. 그것은 체스터필드에게 단순한 게으름이 아니라, 미래의 가능성을 서서히 잠식하는 가장 위험한 태도였다.

세 번째는 시간 관리가 곧 태도의 문제라는 것이다.

공손함과 배려, 사회적 감각은 따로 길러지는 것이 아니라, 평소에 시간을 어떻게 쓰는지에 따라 자연스럽게 만들어진다. 하루의 리듬이 흐트러진 사람에게서 일관된 태도나 깊은 신뢰를 기대하기란 어렵다.

이 편지의 핵심 메시지는, 사람의 미래는 주어진 시간의 양이 아니라, 그 시간을 어떻게 사용하느냐에 달려 있다는 것이다. 시간은 누구에게나 공평하지만, 그것을 대하는 태도에 따라 경험은 배움이 되고 배움은 능력이 되어, 결국 각자의 미래를 전혀 다른 모습으로 만든다.

한 번에
한 가지 일에만 집중하라

1747년 4월 14일

사랑하는 아들아,

하트 선생에게서 들은 네 소식이 내게 큰 기쁨을 주었구나. 네가 수업에 집중하고 공부에 힘쓰며 이해가 깊어지면서 배움 그 자체를 즐기고 있다는 이야기를 들었다. 이런 즐거움은 네가 집중하면 할수록 더 커질 것이다. 나는 늘 네가 지금 하는 일에 온전히 몰입하라고 말해왔다. 이 말은 하루 종일 책상에만 앉아 있으라는 말이 아니다. 공부할 때는 공부에, 즐길 때는 즐거움에 네 마음을 온전히 쓰라는 뜻이다. 어느 쪽이든 제대로 집중하지 못하면 학습에서도 만족하기 어렵고, 즐거움 또한 제대로 누릴 수 없다.

바로 눈앞의 일에 집중해야 일도 놀이도 제대로 되는 법이다. 네가 무도회에서 머릿속으로는 수학 문제를 풀고 있다면 너는 형편없는 파트너가 될 것이고, 공부하는 동안에 춤을 떠올린다면 형편없는 학자가 될 것이다.

하루는 네가 해야 할 일을 해내는 데 충분한 시간이다. 단, 한 번에 한 가지 일에만 집중한다면 말이다. 두 가지 일을 동시에 하려 한다면, 1년이 주어져도 시간은 부족할 것이다. 네덜란드를 이끌었던 정치가 요한 드 비트는 국가의 중대한 일을 처리하면서도, 저녁에는 사교 모임을 즐겼다고 한다. 누군가 그 비결을 묻자, 그는 이렇게 답했다.

"한 번에 하나만 하고, 오늘 할 일을 내일로 미루지 않으면 됩니다."

이처럼 한 가지 일에 몰입하는 능력은 강인한 정신의 증거다. 반대로 부산하고 산만한 태도는 약한 정신력의 특징이다. 호라티우스의 시를 읽을 때는 시의 표현과 아름다움에만 집중해라. 그 순간에는 다른 시집을 떠올리지 말고, 사람과 대화할 때는 오직 그 사람에게만 마음을 기울이거라.

한가할 때 읽으면 좋은 책이 있어 추천한다. 네가 코데르 씨와 함께 읽었던 부우르 신부의 『지적인 글에서 제대로 생각하는 법』이다. 이 책이 너의 취향과 사고방식을 세련되게 만들어줄 것이다. 신의 축복이 늘 너와 함께하길 바라며, 부디 잘 지내거라.

너의 아버지로부터

체스터필드의 기르침

체스터필드는 집중력의 본질을 단 하나의 원칙으로 설명한다.

"한 번에 하나씩."

지금 눈앞에 있는 일에 마음을 온전히 쓰는 힘이 공부의 성과와

일의 수준, 관계의 깊이와 즐거움의 만족 등 삶의 모든 결과를 결

정한다. 그가 아들의 성장을 기쁘게 여긴 이유도 재능이 늘어서가 아니라, 집중력이 높아졌기 때문이다. 집중은 이해를 높이고 이해는 다시 즐거움으로 이어진다.

체스터필드는 공부와 즐거움을 대립시키지 않는다. 오히려 어떤 활동이든 몰입할 때, 비로소 깊이가 생긴다고 말한다. 공부할 때는 공부에만 즐길 때는 즐거움에만 집중하는 사람이, 어느 영역에서든 만족을 얻는 것이다. 반대로 그렇지 못한 사람은 어떤 자리에서도 제 몫을 다하지 못한다.

그가 말한 요한 드 비트의 원칙, '한 번에 하나만 하고, 오늘 할 일을 내일로 미루지 않기'는 단순히 성실해지라는 조언이 아니라, 집중력을 높이는 가장 현실적인 훈련법이다. 사소한 일일수록 곧바로 처리하는 습관은, 집중을 흩트리지 않고 하루의 시간을 단단히 붙잡아 준다.

그리고 그는 산만함을 단순한 성격 문제가 아니라, 나약한 정신력의 신호라고 보았다. 산만한 사람은 많은 일을 시도하기만 할 뿐 제대로 끝맺지 못하지만, 한 가지 일에 집중하는 사람은 느려 보이더라도 결국에는 목표에 도달하게 된다.

좋은 사고와 품격 있는 관계 역시 집중에서 비롯된다. 책을 읽을 때는 그 책에만 사람과 대화할 때는 그 사람에게만 마음을 두는 태도가, 생각을 정돈하고 신뢰를 만드는 지름길이다.

체스터필드가 말하는 집중력은 단순한 공부 기술이 아니라, 삶의 중심을 세우는 태도다. 마음을 산만하게 하지 않고, 지금 순간에 온전히 몰입하는 사람만이 결과를 얻는 것이다.

이 편지의 핵심 메시지는, 집중력이 미래를 결정하는 습관이라는 것이다. 마음이 흩어지면 아무것도 남지 않지만, 한 가지에만 온전히 몰두하면 사고는 선명해지고 노력은 성과로 이어지며 삶은 중심을 갖게 된다.

자투리 시간은
미래를 위한 씨앗이다

1747년 12월 15일

사랑하는 아들아,

네가 꼭 알았으면 하는 게 하나 있구나. 정작 많은 사람은 잘 알지도 못한 채, 무심코 지나치는 것이기도 하다. 그것은 바로 시간의 진정한 가치란다. 사람들은 하루에도 몇 번씩 시간이 소중하다고 말하지만, 그 가치를 삶에서 제대로 실천하는 이는 거의 없다. 해시계에도 '시간은 빠르게 흐른다'라는 문구가 새겨져 있을 만큼, 시간의 소중함은 오래전부터 강조됐다. 그런데도 사람들은 여전히 그 가치를 모른 채 시간을 흘려보내고 있다.

그런데 요즘 네가 시간을 사용하는 모습을 보니, 그 의미를 조금씩 깨닫고 있는 듯해 내 마음이 기쁘구나. 그 깨달음이야말로 너를 진정으로 부유하게 만들어 줄 가장 확실한 자산이 될 것이다.

나는 지금 너의 인생 전체를 논하려는 게 아니다. 앞으로 네 앞에 놓인 2년이라는 시간에 대해 말하고자 한다. 이것만은 꼭 기억하거라. 열여덟 살 이전에 기초를 견고하게 다지지 못한 지식은 온전한 자기 것이 되기 어렵다. 지식은 나이가 들수록 우리를 보호해 주는 그늘이 된다. 그러나 젊을 때 심지 않으면 그늘은 절대 생기지 않는다.

네가 세상에 나가게 되면 책상에 머물 시간이 거의 없다는 것을, 나는 누구보다 잘 알고 있다. 그래서 지금이 네게 주어진 유일한 골든타임이자, 그 무엇에도 방해받지 않고 몰입할 수 있는 마지막 시기다. 공부가 잠시 힘들게 느껴지더라도 여행자의 피로처럼 받아들이거라. 하루에 조금 더 걸으면 목적지에 조금 더 빨리 닿듯이, 지금의 노력은 훗날 너에게 자유를 더 빨리 가져다줄 것이다. 그리고 나는 이렇게 약속하마. 네가 열여덟 살까지 내가 바라는 바를 성실히 해낸다면, 그 이후에는 네가 원하는 일을 할 수 있도록 기꺼이 허락하겠다.

나는 시간을 놀라울 만큼 잘 관리하던 어느 신사를 알고 있다. 그는 화장실에 머무는 짧은 순간조차 아까워, 라틴 시집에서 시 몇 편을 찢어 들고 다니며 읽곤 했다. 그는 그렇게 모은 자투리 시간만으로도 라틴 시인들을 거의 섭렵할 수 있었다.

전문서는 흐름을 끊지 않고 꾸준히 읽는 것이 중요하지만, 짧은 시간에도 효과적으로 읽을 수 있는 좋은 책들이 많다. 베르길리우스를 제외한 라틴 시인들과 현대 시집 그리고 백과사전 같은 책들은 자투리 시간에 읽기에 알맞다. 하루에도 무심코 흘려보내는 많은 시간의 틈이 있다. 그 틈을 어떻게 쓰느냐에 따라, 인생의 차이가 만들어진다는 것을 기억하거라. 신의 축복이 늘 너와 함께하길 바라며, 부디 잘 지내거라.

너의 아버지로부터

체스터필드의 가르침

체스터필드는 시간을 대하는 태도가 인생을 결정한다고 보았다. 누구나 시간이 소중하다고 입으로는 말하지만, 정작 행동으로 증명하는 사람은 드물다. 결국, 부족한 것은 시간이 아니라 그 시간을 대하는 절박함이다.

그는 특히 젊을 때의 시간을 강조한다. 그때 쌓은 지식은 평생을 지탱하는 기반이 된다. 그러나 그 기반을 다질 수 있는 시간은, 한 번 놓치면 다시는 돌아오지 않는다. 젊을 때의 태도가 훗날 지식의 깊이와 선택의 폭, 그리고 누릴 수 있는 자유까지 결정한다.

체스터필드는 한 신사의 일화를 통해 이런 태도의 본질을 또렷이 드러낸다. 그는 화장실에 머무는 짧은 순간조차 허투루 보내지 않으려고 라틴 시집 몇 장을 들고 가 읽었고, 그렇게 모은 자투리 시간만으로도 라틴 시인들을 거의 섭렵할 수 있었다. 작은 마음가짐이 얼마나 큰 성취로 이어질 수 있는지를 분명히 보여주는 것이다.

시간은 누구에게나 공평하다. 그러나 그 시간을 그냥 흘려보내느냐 경험과 지식으로 바꾸느냐는 전적으로 자신의 태도에 달려 있다. 짧은 틈을 흘려버리는 사람과 그 틈을 자기 것으로 만드는 사람 사이의 격차는, 시간이 지날수록 압도적으로 벌어질 것이다.

이 편지의 핵심 메시지는, 미래를 결정하는 건 타고난 재능이 아니라, 시간을 장악하는 태도라는 것이다. 태도와 마음가짐이 먼저 자리를 잡으면, 능력은 자연스럽게 그 뒤를 따를 것이다.

무엇을 하든
확실히 하라

1748년 2월 18일

사랑하는 아들아,

나는 지금 건강을 위해 업무에서 잠시 벗어나 바스에 왔다. 이제는 독서와 휴식, 한가로움 속에서 조용한 만족을 누리고자 한다. 이런 즐거움도 젊은 시절에 쌓아둔 지식이 있었기에 가능한 것이다. 그 시간을 조금 더 현명하게 썼더라면 지금의 만족이 더욱 완전했겠지만, 그때 마련해 둔 지식만으로도 충분한 평온과 만족을 누리고 있다. 너는 나보다 더 넓고 깊게 그 기반을 마련해 두길 바란다.

나는 젊은 시절의 즐거움을 후회하지 않는다. 마땅한 때에 충분히 누렸기에, 지난 시절을 붙잡거나 미화할 이유도 없다.

일도 이와 크게 다르지 않다. 겉으로 보기에는 매혹적으로 보여도, 막상 겪어 보면 그 매력이 기대만큼 크지 않다는 사실을 깨닫게 된다. 나는 즐거움과 일이 지닌 겉모습과 그 이면을 모두 겪어 봤기에, 이제는 더 큰 욕심 없이도 만족할 수 있다.

그러나 한 가지, 이것만은 확실히 후회하고 있다. 젊은 시절 아무것도 하지 않은 채 흘려보낸 시간이다. 이것은 젊을 때 흔히 저지르는 실수이자 되돌릴 수 없는 손실이다. 엄격하게 관리된 시간은 자산이 되지만, 흘려보낸 시간은 되찾을 길이 없다. 삶의 수준은 시간 활용에 달려 있다. 그렇다고 늘 공부만 하라는 뜻은 아니다. 제때의 즐거움은 유익하고 사람을 이해하게 하며 세상을 배우게 한다. 문제는 즐거움이든 일이든, 아무 생각 없이 시간을 흘려보내는 태도다.

     PART I 인생의 나침반 태도로 삶의 방향을 바로잡다

무엇을 하든 확실히 해라. 겉핥기로 끝내지 말아라. 조금 안다는 것이 때로는 아예 모르는 것보다 더 위험한 법이다. 세상 어디에나 배울 것은 있다. 사람마다 하나쯤은 자신이 잘 아는 분야가 있고, 예의를 갖춰 묻기만 하면 기꺼이 그 지식을 나눠 줄 것이다.

네가 머무는 루터교 지역에서 그들의 예배와 의식, 설교 방식과 교회 체계, 성직자의 수입 구조 등을 살펴보아라. 가톨릭 지역에서도 같은 방식으로 미사와 수도회, 의식이 지닌 의미를 관찰해라. 종교의 형태가 다르다고 해서 절대 조롱해서는 안 된다. 설령 잘못된 길이라고 여겨지더라도, 진심에서 비롯된 신념이라면 조롱이 아니라 연민으로 대해야 한다.

어느 나라에 가든 그들의 재정과 군사, 무역과 경찰 체계를 눈여겨보아라. 틈날 때마다 기록하되 다른 이의 말을 그대로 옮기지 말고, 네가 직접 보고 얻은 지식을 네 손으로 정리해서 채워 넣어라. 그리고 공개재판은 반드시 참관하길 바란다. 법이 실제로 어떻게 작동하는지를 직접 보는 건 아주 좋은 경험이 될 것이다.

나는 누구보다 너에게 큰 기대를 품고 있으면서도, 한 편으로는 불안함을 느낀다. 너는 완벽할 수는 없지만, 누구 보다 완벽에 가까워질 수 있는 잠재력을 지니고 있다. 너는 내게 가장 큰 기쁨이 될 수도, 가장 큰 근심이 될 수도 있음 을 기억하거라. 신의 축복이 늘 너와 함께하길 바라며, 부 디 잘 지내거라.

너의 아버지로부터

체스터필드의 가르침

체스터필드가 이 편지로 전하고자 한 핵심은 분명하다. 품격은 타 고나는 것이 아니라, 반복되는 태도에서 형성된다는 것이다. 그는 노년의 평온함이 젊은 시절의 습관에서 비롯되었음을 솔직히 고 백하며, 인생의 수준을 결정하는 것은 대단한 사건이 아니라 하루 하루의 선택이라고 말한다.

     PART I 인생의 나침반 태도로 삶의 방향을 바로잡다

그가 가장 뼈아프게 여기는 것은 쾌락이나 노동 그 자체가 아니라, 무심코 흘려보낸 시간이다. 잘 쓴 시간은 자산으로 남지만, 낭비한 시간은 결코 되돌릴 수 없다. 그렇다고 해서 그는 시간을 오직 공부하는 데만 쓰라고 하지 않는다. 즐거움과 교류, 여행과 관찰 역시 충분히 가치 있는 배움이 되기 때문이다.

문제는 활동의 종류가 아니라 태도다. 무엇이든 피상적으로 스쳐지나가는 태도, 깊이 들여다보지 않은 채 끝내는 습관이 삶의 깊이를 얕게 만든다고 경고한다. 그래서 체스터필드는 '무엇을 하든 확실히 하라'는 말을 반복한다. 얕은 지식이 때로는 무지보다 더 위험하기 때문이다.

그가 아들에게 요구한 배움은 책 속 지식에만 머무르지 않는다. 실제로 종교의식과 사회 제도, 재정과 법이 어떻게 작동하는지를 살펴보라고 했다. 그리고 사회의 내부를 관찰하고, 사람들에게 예의를 갖춰 질문하며 얻은 내용을 스스로 기록하게 했다. 이런 능동적인 태도야말로 그가 말한 진정한 교양이었다.

배움은 주어지는 것이 아니라 스스로 파고들 때, 비로소 자기 것이 된다.

편지의 마지막에서 드러나는 그의 기대는 엄격한 요구라기보다

깊은 신뢰에 가깝다. 완벽함을 요구하는 것이 아니라, 완벽에 가

까워지려는 태도를 끝까지 놓지 말라는 당부다. 그것이 인생을 가

장 크게 성장시키는 밑거름이라고 믿었다.

체스터필드에게 품격은 특별한 재능이나 화려한 성취가 아니다.

그것은 짧은 순간을 허투루 넘기지 않는 태도와 무엇이든 끝까지

파고드는 집중력, 일상에서 자신을 단련하는 조용한 습관들이 모

여 만들어지는 것이다.

이 편지의 핵심 메시지는, 젊은 시절의 태도가 삶의 수준을 결정

하며, 그 원칙은 오늘을 살아가는 우리에게도 여전히 유효하다는

사실이다. 미래가 아닌 오늘을 대하는 태도가 곧 인생의 품격이

된다.

지식은 주머니 속 시계처럼
필요할 때만 꺼내라

1748년 2월 22일

사랑하는 아들아,

모든 미덕과 탁월함에는 그것과 맞닿은 약점이 있어서, 선을 넘는 순간 결함으로 변하기 쉽다. 관대함은 낭비가 되고 절약은 인색함이 되며, 용기는 무모함으로 신중함은 소심함으로 변할 수도 있다. 그래서 덕을 올바르게 다루는 일은, 악을 피하는 것보다 훨씬 어려운 일이다.

나는 이 원칙을 지식에 적용해 말하고자 한다. 지식은

분명 귀한 자산이지만 현명한 판단 없이 사용하면, 곧 오류와 오만 그리고 현학으로 바뀌기 쉽다. 네가 훗날 큰 지식을 얻게 되리라 믿기에, 그것이 너를 가볍게 만들지 않도록 몇 가지 당부하려고 한다.

어떤 학자들은 지식에 취해 늘 단정적으로 말하고 반론을 허락하지 않는다. 이런 태도는 사람들의 반감을 부르고, 결국에는 정당한 권위마저 흔들리게 한다. 많이 알수록 더욱 겸손해야 하며, 확실해 보이는 사실조차도 제안하듯 말하는 법을 배워야 할 것이다.

또 어떤 이들은 고전을 지나치게 숭배한 나머지, 현대의 지식과 발전을 하찮게 여긴다. 그러나 고대와 현대는 시대 그 자체가 아니라 그 안에 담긴 가치로 평가해야 한다.

더 나아가 과거의 비슷한 사례를 예로 들며 오늘의 문제를 단정하려는 이들도 있다. 하지만 역사는 그대로 반복되지 않으며 기록 또한 완전하다고 할 수가 없다. 과거 사례가 참고는 될 수 있어도 판단의 절대적 기준이 되어서는 안 된다.

한편, 라틴어나 그리스어 구절을 아무 때나 인용하며 지식을 과시하려는 사람들도 있다. 더 나쁜 것은 지식이 없는 사람들이 이를 흉내 내며 어설프게 고전을 남발하는 경우다. 이런 오만과 허세는 지식이 아니라 지식의 흉내에 불과하다. 그러니 지식을 시계처럼 주머니에 넣어 두고 누가 물어보면 보여주고 먼저 꺼내지는 말아라.

과거의 지식은 분명 가치가 있지만, 현대의 지식은 그보다 더 실질적으로 필요하다. 과거를 이해하는 것도 필요하지만, 지금 우리가 사는 유럽을 정확히 아는 일이 더 중요하다.

사람은 매일 새로운 것을 보고 듣고 읽는다. 그중 인상 깊은 것을 간단히 기록하고 여기에 네 생각을 덧붙이기만 해도 훌륭한 배움이 된다. 네가 주제를 원한다고 했으니, 이번에는 독일 루터교의 교리와 조직, 성직자의 권위와 재정 구조를 조사해서 보내거라. 신의 축복이 늘 너와 함께하길 바라며, 부디 잘 지내거라.

너의 아버지로부터

체스터필드의 가르침

체스터필드는 '지식의 품격'을 선명하게 보여준다. 지식은 그 자체로 힘이 되지만 자칫 잘못 다루면 오만과 과시, 비웃음을 사는 현학으로 변질될 수 있다. 지식을 가치 있게 만드는 것은 얼마나 많이 아느냐가 아니라, 그것을 어떤 태도로 사용하느냐에 달려 있다.

그가 강조하는 첫 번째 원칙은 겸손이다. 많이 알수록 단정적인 말투를 경계하고, 옳다고 확신하는 사실조차 제안하듯 말하라고 조언한다. 사람들은 정답을 강요하는 사람보다, 생각의 여지를 남기는 사람에게 더 큰 신뢰를 보낸다.

두 번째는 권위에 기대지 않는 사고다. 고대와 현대의 지식은 단순한 시대 구분이 아니라 의미와 효용으로 판단해야 하며, 과거의 사례를 근거로 현재를 단정하려는 태도는 사고를 경직되게 할 뿐이다. 고전은 방향을 잡아주는 참고서가 될 수는 있어도, 판단의 최종 기준이 되어서는 안 된다.

지식을 과시하는 태도 역시 위험하다고 지적한다. 라틴어 인용이나 고전 명언의 남발, 불필요한 전문용어의 사용은 박식함이 아니라 허세에 가깝다. 그래서 지식을 주머니에 넣어 둔 시계에 비유한다. 필요할 때만 꺼내 쓰되, 먼저 흔들며 존재를 알리지 말라는 뜻이다. 지식은 나를 돋보이게 하는 장식이 아니라, 삶의 판단을 돕는 도구이기 때문이다.

체스터필드는 마지막으로 지식을 자기 것으로 만드는 실천적 방법을 제시한다. 보고 듣고 읽은 것을 간단히 기록하고, 그 위에 자기 생각을 덧붙이는 습관이다. 이런 과정의 반복이 지식을 단순한 기억에서 깊은 통찰로 바꿔주고 배움을 삶과 밀착시켜 주는 것이다.

이 편지의 핵심 메시지는, 지식의 가치는 양이 아니라 태도에서 결정된다는 것이다. 겸손함과 열린 사고 그리고 시대를 읽는 눈이 어우러질 때, 지식은 비로소 품격이 된다.

서두르지 않을 때
비로소 보이는 것이 있다

1748년 3월 27일

사랑하는 아들아,

이 편지는 라이프치히로 가는 듀발 씨가 전해줄 것이다. 그는 제네바 출신의 보석상으로, 런던에서 오래 살아온 신중하고 신뢰할 만한 사람이다. 그를 정중히 대하거라.

유럽 각국의 행정과 군사 체계를 직접 조사하고 정리해 보라던 나의 당부를 기억할 것이다. 이를 돕기 위해 작은 책 한 권을 보낸다. 각 항목 아래에 필요한 정보를 간단히 적을 수 있도록 예시를 덧붙였고, 알파벳 순서로 정리되어 있어 원하는 주제를 곧바로 찾을 수 있을 것이다. 항목마다 여백을 남겨뒀으니, 네가 조사한 내용을 얼마든지 확장해서 기록할 수 있다. 나 역시 이 방식으로 큰 도움을 받았다.

프랑스 사람들은 '작은 선물은 우정을 지켜주고, 큰 선물은 우정을 깊게 한다.'라고 말한다. 네게 꼭 필요한 것이 있다면 함께 보냈겠지만, 라이프치히에서도 충분히 구할 수 있을 듯해 굳이 보내지 않았다.

너는 지금까지 너의 가치를 충분히 증명했다. 앞으로도 그렇게 살아가길 바란다. 네가 필요로 하는 것이 있다면, 내가 할 수 있는 지원은 절대 아끼지 않겠다.

내가 지금 관직에 있지 않다고 해서 걱정할 필요는 없다. 네가 일을 할 준비가 되기까지는 아직 시간이 필요하고, 그때가 오면 내가 어떤 상황에 있더라도 너의 첫걸음을 도울 것이다. 그러나 그 이후에는 너 자신의 힘으로 나아가야 할 것이다.

너는 반드시 세상에 필요한 사람이 되어야 한다. 그러면 네가 먼저 부탁하지 않더라도, 사람들이 먼저 너를 찾을 것이다.

유럽 각국의 외교적 이해관계와 궁정의 관습, 정치적 목적과 국가가 움직이는 방식에 대해 깊이 아는 사람은 이곳에서도 드물다. 너는 이 모든 걸 충분히 배울 수 있는 조건을 갖추고 있다. 다만 그 지식은 누군가 대신 만들어주는 것이 아니라, 너 스스로 쌓아 올려야 한다는 사실을 반드시 명심해라. 신의 축복이 늘 너와 함께하길 바라며, 부디 잘 지내거라.

너의 아버지로부터

체스터필드의 기르침

체스터필드는 아들에게 단순히 공부를 잘하라고 말하지 않는다.

그가 전하고자 한 것은 의사결정의 본질이다. 지혜로운 판단은 지

    PART I 인생의 나침반 태도로 삶의 방향을 바로잡다

식의 양이 아니라, 기다림과 관찰 그리고 기록하고 준비하는 태도에서 나온다는 사실을 가르치고 있다.

그는 먼저 책 한 권을 보내며 정보를 다루는 구체적인 방식을 보여준다. 항목별로 나누고 여백을 남겨 자신의 관찰 결과를 채워 넣는 방식이다. 이 방법은 체스터필드가 수십 년간 직접 사용하며 큰 도움을 받았다.

그에게 지식은 '읽었다는 사실'이 아니라, '정리된 구조로 남는 것'이다. 흩어진 정보는 금세 사라지지만, 체계화된 지식은 판단의 근거가 된다. 그래서 그는 아들에게 유럽 각국의 행정과 군사, 외교 체계를 서둘러 외우라고 하지 않는다. 대신 천천히 살펴보고 관찰하며 기록해서, 각 나라가 왜 그렇게 움직이는지 무엇을 원하고 무엇을 두려워하는지를 이해하라고 한다. 서두르는 사람은 표면만 보고 판단하지만, 차분한 사람은 구조를 살핀다. 이것이 준비된 사람이 되는 첫 번째 조건이다. 그리고 체스터필드는 매우 현실적인 조언을 덧붙인다.

"세상에 필요한 사람이 되어라. 그러면 네가 부탁하지 않아도 사람들이 먼저 너를 찾을 것이다."

조직과 사회 그리고 관계에서 만들어진 기회는 늘 필요한 사람에게 먼저 찾아간다. 지식과 기술 그 자체보다 더 중요한 것은 준비된 태도와 신뢰다. 기회는 억지로 만드는 것이 아니라, 준비된 사람에게 자연스럽게 모인다는 뜻이다.

그는 외부 조건이 아니라 스스로 쌓아 온 준비만이 아들의 미래를 결정할 것이라고 믿었다.

체스터필드가 반복해서 강조하는 것은 세상을 있는 그대로 바라보는 눈이다. 국가의 구조와 재정, 군사와 무역, 관습과 재판이 실제로 어떻게 작동하는지를 한발 물러서서 바라보는 습관이 현명한 판단력을 만든다는 것이다. 그는 단편적인 사건에 휘둘리지 말고, 맥락과 구조를 읽어내는 힘을 기르라고 조언한다.

이 편지의 핵심 메시지는, 성공은 조급한 사람이 아니라 관찰하고 기록하며 준비한 사람에게 조용히 다가온다는 것이다. 그런 태도는 삶의 속도를 조금 늦추는 대신, 자신의 판단을 정확하게 하고 기회를 끌어당길 것이다.

질문이
시야를 넓힌다

1748년 4월 15일

사랑하는 아들아,

너의 답장을 받지 못하는 동안에도 나는 글쓰기를 멈추지 않았다. 네게 편지를 쓰는 내 마음은 변함이 없으며, 이 글이 조금이나마 네게 도움이 되기를 바라는 마음뿐이다.

네가 이 편지를 받을 즈음이면, 단정히 차려입고 라이프치히 박람회의 다채로운 풍경 속에 서 있겠구나. 이제는 너도 상류 사회의 태도와 예법을 익혀야 할 나이가 되었다.

궁정은 그런 배움을 얻기에 가장 좋은 학교이며, 작센 궁정보다 더 화려한 곳도 흔치가 않다. 그곳의 분위기와 예절, 그리고 의식과 겉으로 드러나는 형식들을 세심히 관찰하거라. 훗날 다른 궁정들과 비교할 때 큰 자산이 될 것이다.

정치의 운영 방식이나 권력의 본질을 이해하기에는 아직 이르겠지. 그러나 외형과 형식을 관찰하는 것만으로도 배울 수 있는 것은 많다. 볼 수 있는 것은 가능한 한 많이 보고 배울 수 있는 것은 되도록 놓치지 말며, 궁금한 것이 있다면 주저하지 말고 반드시 질문하거라.

박람회에서도 마찬가지다. 오페라와 연극 그리고 거리의 공연까지도 무엇이든 한 번쯤은 경험해 볼 가치가 있다. 사람은 경험이 쌓일수록 쉽게 동요하거나, 감탄하지 않게 된다. 경험은 들뜬 마음을 가라앉히고, 판단을 정확하게 해 주기 때문이다.

하트 선생에게 감사의 인사를 전해주렴. 지금 나가봐야 해서 이만 줄이겠다. 내가 보낸 질문들에 대한 너의 답을 기다리고 있겠다. 신의 축복이 늘 너와 함께하길 바라며, 부디 잘 지내거라.

체스터필드의 가르침

체스터필드는 아들에게 '세상을 이해하는 법'을 가르친다. 그는 지식을 쌓기 전에 반드시 갖춰야 할 능력으로, 관찰력과 풍부한 경험 그리고 현장을 읽는 감각을 꼽는다.

궁정과 박람회라는 서로 다른 두 세계를 경험하라는 조언 역시 같은 맥락이다. 궁정의 의례와 예법, 겉으로 드러난 형식은 사회의 상층부가 어떻게 작동하는지를 보여준다. 그리고 박람회의 공연과 사람들의 태도, 거리의 공기는 사회의 저변에 흐르는 생생한 에너지를 드러낸다. 이 두 세계를 모두 경험해 본 사람이, 세상을 균형 있게 이해할 수 있다는 뜻이다.

경험은 감각을 단련시킨다. 경험이 부족하면 사소한 일에도 감정이 쉽게 흔들리지만, 경험이 풍부하면 어떤 상황에서도 중심을 잃지 않는다. 이것이 사회적 판단력의 출발점이다.

또한 체스터필드는 무엇보다 '질문하는 태도'를 강조한다. 궁금할 때 망설임 없이 물어보는 사람이 지식의 문을 열 수 있다. 질문하지 않는 사람은 현상만 스쳐 지나가지만, 질문하는 사람은 그 이면의 구조를 보게 되는 것이다.

이 편지의 핵심 메시지는, 세상을 어떻게 바라보느냐는 결국 경험에서 비롯되고, 그 과정에서 쌓인 판단이 인간의 품격을 이룬다는 것이다. 관찰과 경험이 늘고 질문이 깊어질수록 시야는 넓어지고, 인간적 성숙함도 함께 깊어진다.

   PART I 인생의 나침반 태도로 삶의 방향을 바로잡다

첫인상은
평판이 되고 기회가 된다

1748년 10월 29일

사랑하는 아들아,

네가 곧 세상이라는 무대에 설 시간이 다가오고 있구나.

아버지로서 네가 받게 될 첫 평가가 어떨지 마음이 쓰인다.

사람들은 처음 마주한 네 모습으로 너를 판단할 것이며, 그

첫인상은 바꾸기가 매우 어렵다. 그래서 나는 네가 사소한

흠 하나라도 남기지 않도록 널 도울 것이다.

도덕적, 종교적 의무에 대해서는 네가 이미 충분히 알고

있으리라 믿는다. 젊음은 활기를 주지만 동시에 경솔함을 동반하기 쉽다. 어디까지가 허용되는 선인지 가늠하기 어려운 시기이기에, 그 경계를 알려주는 것이 아버지로서 내 역할이다.

활기는 유지하고 경솔함은 버려라. 활기는 사람을 끌어당기지만, 경솔한 태도는 나쁜 의도가 없더라도 상대에게 불쾌함을 줄 수 있다. 말하기 전에는 그 자리에 있는 사람들의 성격과 처지를 먼저 살펴보거라. 어떤 미덕을 칭찬하든 어떤 악덕을 비판하든, 누군가는 그것을 자신의 이야기처럼 오해하며 받아들일 수가 있다.

그래서 말은 언제나 상황을 고려해 신중해야 한다. 사적인 가정사는 되도록 입에 올리지 말아라. 그것은 민감하고 복잡한 문제이기에, 뜻하지 않게 누군가의 상처를 건드릴 수도 있다. 그리고 특정 모임에서만 통하는 농담이나 유행어가 다른 자리에서는 어색하거나 우스꽝스럽게 들릴 수도 있다. 무엇보다 어떤 자리에서 들은 이야기를 다른 자리로 옮기는 것은, 특히 위험한 행동이다. 신뢰는 대개 그렇게 무너지는 것이다.

능력은 없으면서 분위기에 맞장구만 치면서 자리를 보전하는 사람들은 어디에나 있다. 너는 그런 사람이 되어서는 안 된다. 자신의 판단과 의견을 반드시 가져야 한다. 다만 그것을 표현할 때는 유쾌함과 공손함 그리고 우아함을 잃지 말아라. 지금 너는 누군가를 가르치거나 꾸짖을 위치에 있지 않으니 말이다.

반면 예의를 갖춘 친절과 상대의 기분을 살피는 배려는 꼭 필요한 덕목이자 교양의 일부다. 사람들은 그런 태도에 자연스레 호감을 느끼고 마음의 문을 열기 마련이다.

어떤 모임에서든 중심이 되는 매력적인 여인과 품위 있는 신사가 있다. 그들은 취향과 말투 그리고 유행을 만들며 사교계의 분위기를 이끈다. 그들에게 어울리는 존중을 보이는 것은, 마땅한 예의이자 지혜다. 그들의 호감을 얻는다면 수많은 기회의 문이 열릴 것이다.

마지막으로 네가 소개해 준 독일 연극과 사교 모임 이야기를 흥미롭게 읽었다. 독일에 머무는 동안에는 무엇보다 언어를 익히는 데 힘쓰거라. 언어는 그 사회를 이해하는 가장 빠른 지름길이다. 신의 축복이 늘 너와 함께하길 바라며, 부디 잘 지내거라.

너의 아버지로부터

체스터필드의 가르침

체스터필드는 이 편지에 사회적 성공의 기술을 정교하게 담았다. 그는 처음부터 끝까지 능력보다는 태도와 말투 그리고 절제와 관찰력처럼, 눈에 잘 드러나지 않는 요소들을 강조한다. 그런 요소들이 직업적 성과와 사회적 신뢰를 좌우한다는 것이다.

세상은 늘 공정하게만 움직이지 않는다. 첫인상은 쉽게 바뀌지 않고 한 번 굳어진 평판은, 오랫동안 그 사람을 따라다닌다. 그래서 그는 활기는 지키되, 경솔함은 완전히 버리라고 조언한다. 경솔한 말과 행동은 호감을 잃게 만들고 의도치 않게 적을 만들기 때문이다.

그리고 말하기 전에 반드시 상대의 처지와 분위기를 살피라고 강조한다. 칭찬이든 비판이든, 누군가에게는 상처가 될 수 있기 때문이다. 말의 무게는 화려한 말솜씨에서 나오는 것이 아니라 상황을 읽는 판단력에서 나온다. 이는 오늘날의 조직과 비즈니스에서도 여전히 유효하다.

사회적 입지를 지키는 데 필요한 것은 지식이 아니라 관찰력과 절제다. 사적인 이야기와 농담 그리고 소문을 다루는 태도에서도, 사람의 품격은 적나라하게 드러난다. 자기 의견은 분명히 갖되, 타인에게 강요하지 않고 품위 있게 전달하는 능력이 곧 사회적 지능이다.

체스터필드는 여기서 한 걸음 더 나아가, 어떤 모임에서든 자연스럽게 중심이 되는 인물들을 관찰하라고 조언한다. 영향력 있는 사람을 존중하는 태도는, 아부가 아니라 흐름을 읽는 영리한 처세다. 그들의 취향과 방식이 그 사회의 기준을 만들기 때문이다.

이 편지의 핵심 메시지는, 성과는 재능이 아니라 태도에서 만들어진다는 것이다. 태도는 평판을 낳고 평판은 기회를 부르며 기회는 미래를 결정한다.

Letters
to His Son

PART II
관계의 지도

신뢰로
삶의 길을
찾아가다

인간관계는 우연처럼 보이지만, 실제로는 정교한 기술의 결과다.

체스터필드는 인간관계가 인생의 기회와 신뢰, 나아가 성공의 방향까지 결정한다고 보았다. 그는 아들에게 "태도가 재능보다 앞선다."라고 말하며, 관계에서의 섬세함과 품위야말로 사회에서 통하는 진짜 실력이라고 강조한다.

PART II에 실린 편지들은 사람 사이에서 길을 잃지 않도록 도와준다. 말투와 표정, 몸짓과 같은 비언어적 신호를 포착하는 법부터 말 뒤에 숨은 의도를 꿰뚫는 통찰, 상대의 마음을 움직이는 평판 관리의 기술까지 이 모든 것은 '관계'라는 복잡한 지형을 건너기 위한 하나의 정교한 지도와 같다.

체스터필드가 먼저 이야기하는 것은 예의다.

예의는 겉치레가 아니라 상대에게 안전함과 존중을 전하는 가장 오래된 관계의 기술이다. 예의를 갖춘 사람은 자연스럽게 신뢰를 얻고, 부드러운 말투와 절제된 행동은 관계의 방향을 처음부터 안정적으로 잡아준다. 그는 예의에 비용이 들지는 않지만 돌아오는 보상은 헤아리기 어렵다고 강조한다.

그리고 중요한 것은 사람을 보는 능력이다.

사람마다 말의 속도와 표정 그리고 감정의 결이 모두 다르다. 이것을 이해하지 못한 채 성급하게 판단하면 오해가 쌓이고, 과도한 친근함은 오히려 신뢰를 해치기도 한다. 반대로 상대의 분위기를 살피고 적절한 거리감을 유지하는 태도는 불필요한 충돌을 줄이고 관계를 넓혀준다.

말하기 역시 PART II의 핵심 기술이다.

상대를 감동하게 하는 것은 화려한 언변이 아니다. 진심이 담기고 논리가 분명한 말이 상대의 마음에 먼저 닿는 것이다. 체스터필드는 불필요한 말은 줄이고 필요한 말을 품격 있게 전하는 능력이 관계의 깊이를 결정한다고 보았다. 나아가 그 관계를 오래 유지하는 결정적인 힘이 바로 평판이다.

좋은 평판을 쌓는 데는 평생이 걸리지만, 무너지는 건 한순간이다. 꾸준한 성실함과 절제된 태도 그리고 남을 깎아내리지 않는 언행은 눈에 띄지 않지만, 위기의 순간에 나를 지켜주는 가장 강력한 무기가 된다.

PART II의 편지들이 전하는 메시지는 하나다.

사람을 움직이는 건 특별한 재능이 아니라 예의와 세심함, 절제와 진심 같은 오래된 원칙이라는 것이다. 좋은 관계는 결코 우연히 만들어지지 않는다. 관계의 기술을 익힌 사람에게 기회와 신뢰는 필연적으로 따라오는 것이다.

체스터필드의 조언은 명확하다.

사람 사이의 길을 제대로 찾고 싶다면, 먼저 자신의 태도부터 다듬어야 한다. 관계의 지도는 나를 정돈하는 것으로 완성된다.

예의는 사람을 모으고
기회를 만든다

1747년 7월 30일

사랑하는 아들아,

최근, 네 소식이 뜸한 건 스위스 여행 때문이겠지. 지금 쯤이면 여행도 끝났을 것 같구나.

앞서 보낸 편지에서도 말했듯, 너는 반드시 다음 미카엘 축일(9월 29일)까지는 라이프치히에 도착해야 한다. 그곳 에서는 마스코 교수의 집에 머물며, 품위 있는 집안의 자제 들과 함께 생활하게 될 것이다. 교수가 『전쟁과 평화의 법』,

『법학 대전』 그리고 『제국 공법』을 강의할 예정이니 단순히 수업을 듣는 데 그치지 말고, 깊이 이해하고 마음에 새기길 바란다.

아울러 라이프치히에 머무는 동안에는 독일어를 완전히 익히기를 기대한다. 네가 마음만 먹는다면 충분히 해낼 수 있으리라 믿는다. 그리고 네가 어떻게 지내는지는, 결국 내 귀에 전해질 테니 늘 단정하게 관리하거라. 고대 로마의 스키피오 장군이 '그의 말과 행동, 감정에는 흠잡을 것이 없었다.'라고 평가된 것처럼, 너 역시 말과 태도 그리고 감정의 절제에 있어서 그와 같은 평가를 받는 사람이 되길 바란다.

라이프치히에는 저녁마다 교류하면 좋을 훌륭한 사람들이 많다. 낮 공부를 마치면, 저녁에는 되도록 그들과 어울리도록 노력해라. 쿠를란트 공작 부인의 작은 궁정에 초대될 것이고, 박람회 기간에는 폴란드 왕의 궁정에도 들어갈 기회가 있을 것이다. 이 일은 내가 미리 윌리엄스 경에게 부탁해 둘 테니 걱정하지 말거라.

그러나 명심해라. 훌륭한 사람들 곁에 있다는 것만으로는 아무런 의미가 없다. 그들의 예절과 태도, 호감을 주는 세심함 그리고 자연스러운 신사의 품격을 네 것으로 만들지 못한다면 말이다. 외모와 생활 습관도 결코 소홀히 하지 말아라. 청결과 단정한 옷차림 그리고 세련된 몸가짐은, 너의 능력을 한층 더 빛나게 해줄 것이다.

베이컨 경은 '호감 가는 외모는 영구적인 추천서'라고 말했다. 외모는 능력에 앞서 길을 열어주는 선발대와도 같다. 그러니 외모를 항상 단정하게 유지해라.

내년 여름 하노버에서 너를 만나게 될 것이다. 그때 완성에 가까워진 너의 모습을 보게 되길 기대한다. 만약 기대에 미치지 못한다면, 나는 너를 현미경으로 들여다보듯 세세히 살필 생각이다. 미리 말했으니 잘 준비하길 바란다. 신의 축복이 늘 너와 함께하길 바라며, 부디 잘 지내거라.

너의 아버지로부터

체스터필드의 가르침

체스터필드는 예의를 '사회적 성공의 문을 여는 기술'로 정의한다. 그는 낯선 곳에서 살아갈 아들에게 학문과 언어 그리고 '예의의 완성'을 가장 중요한 과제로 제시한다. 단순히 지식을 쌓는 데 그치지 않고, 사람을 대하는 태도를 세련되게 다듬어야 한다고 강조한다.

그는 '좋은 사람들 곁에 머문다고 해서, 기회가 저절로 생기는 것은 아니다.'라고 단언한다. 기회는 능력만으로 주어지는 것이 아니고 그 사람이 지닌 예의와 태도, 표현력이 함께 어우러질 때 비로소 열리는 것이다. 상류 사회에서 요구되는 자연스러운 품위와 절제된 태도 그리고 부드러운 말투는, 능력에 앞서 먼저 상대의 마음을 움직이게 만든다.

그는 또한 단정함과 청결함 그리고 과하지 않은 태도를 중요한 요소로 강조한다. 이는 단순한 겉치레가 아니라 상대에게 신뢰를 전하는 첫 신호이기 때문이다. 사람들은 능력을 판단하기 전에 태도와 겉모습을 먼저 살핀다. 사회적 지능은 바로 여기에서부터 시작하는 것이다.

이 편지의 핵심 메시지는, 좋은 자리에 있는 것보다 중요한 것은 그 자리에 '어울리는 사람'으로 인정받는 것이다. 예의 바른 태도와 단정한 외모 그리고 부드러운 말투와 상황을 읽는 감각은, 젊을 때 가장 강력한 경쟁력이 되며 그것은 결국 기회를 끌어당기는 힘이 된다.

실수는 넘어가도
거짓은 용서할 수 없다

1747년 9월 21일

사랑하는 아들아,

아인지델른의 가톨릭 신자들이 믿는 기적과 미신에 네가 놀랐다는 것은 이해한다. 그러나 누군가가 진심으로 믿는 신념이 설령 잘못된 것이라고 해도, 함부로 비웃거나 욕해서는 안 된다. 지성이 눈먼 상태는 육체적 실명만큼이나 안타까운 일이다. 우리가 취해야 할 태도는 조롱이 아니라 친절한 설득이다. 사람은 각자의 이성에 따라 판단하므로,

모두가 같은 방식으로 생각할 거라고 기대할 수는 없다.

진정한 죄는 알면서도 거짓을 말하거나 거짓된 행동을 하는 사람에게 있다. 진심으로 거짓을 믿는 사람에게는 죄가 없다. 나는 거짓말보다 더 비열하고 우스운 행위는 없다고 생각한다. 거짓말은 악의와 비겁함 그리고 허영심에서 비롯되며, 결국에는 반드시 드러나기 마련이다. 타인의 평판을 해치기 위해 거짓을 말하면, 결국 더 크게 훼손되는 것은 자신의 명예다. 변명을 위한 거짓말도 마찬가지다. 그것은 두려움과 비열함만 드러낼 뿐, 더 큰 치욕으로 되돌아온다.

허영심에서 나온 가짜 영웅담 역시 다르지 않다. 수많은 경험과 모험을 겪었다며 늘어놓는 허풍은 비웃음거리가 될 뿐 아니라, 결국 자기 자신마저 망가뜨린다.

그러니 부디 명심하거라. 명예와 양심을 지키며 세상을 살아가는 데 필요한 것은 단 하나, 엄격한 진실성이다. 이것은 단순한 도덕일 뿐만 아니라 너의 자산이기도 하다. 나는 한 사람의 지적 수준을 그가 얼마나 진실한가로 판단한다.

라이프치히에서는 그동안 부족했던 너의 주의력과 정

확성을 반드시 보완했으면 좋겠다. 우리는 내년 여름에 다시 만날 것이다. 그때까지 네가 고칠 수 있었는데도 고치지 못한 결점이 있다면, 나는 그것을 기억하고 그냥 넘어가지 않을 것이다. 네 주변에는 언제나 너를 지켜보는 눈이 많다는 사실을 명심해라. 신의 축복이 늘 너와 함께하길 바라며, 부디 잘 지내거라.

너의 아버지로부터

체스터필드의 기르침

체스터필드는 말의 품격과 신뢰의 본질을 강조하며, 의견이 다르다는 이유만으로 누군가를 조롱해서는 안 된다고 단호하게 말한다. 어떤 믿음이 비합리적으로 보일지라도 그것이 진심에서 비롯된 것이라면, 조롱의 대상이 아니라 이해하고 설득해야 할 대상이라는 것이다. 성숙한 대화는 나의 주장을 앞세우는 것이 아니라,

     PART Ⅱ 관계의 지도 신뢰로 삶의 길을 찾아가디

상대를 존중하는 마음에서 시작하기 때문이다.

이 편지를 관통하는 주제는 거짓의 위험성이다. 체스터필드는 거짓말을 비열하고 우스운 행위로 규정하며, 거짓은 언젠가는 반드시 드러난다고 단언한다. 그 순간에 잃게 되는 것은 단순히 사실의 오류가 아니라, 평판과 신뢰 그리고 나아가 인격 그 자체다. 타인을 해치기 위해서 꾸민 거짓은 자신의 명예를 무너뜨리고, 변명을 위해 보탠 거짓은 비겁함과 두려움만 드러낼 뿐이다. 과장과 허세 역시 오래가지 못하고 결국에는 비웃음거리가 된다. 그리고 그는 실수와 거짓을 분명하게 구분한다. 실수는 괜찮지만, 거짓은 용서할 수 없다는 것이다. 실수를 솔직하게 인정하는 자세는 오히려 성숙함의 증거이며, 무너진 신뢰를 회복하는 가장 빠른 길이다.

마지막으로 그는 '엄격한 진실성'을 인생의 기준으로 삼으라고 말한다. 이는 도덕적 미덕인 동시에 현실적인 이익이 되는 태도이기도 하다. 사람들은 본능적으로 진실한 사람을 신뢰하고, 그 신뢰는 그의 말에 힘을 더해 준다.

이 편지의 핵심 메시지는, 말을 잘하는 사람이 되기보다 '믿을 수 있는 사람'이 되라는 것이다. 기교로 사람을 움직이려 하기보다 진실함으로 말의 무게를 증명하는 것이다.

겉모습보다
마음을 먼저 보아라

1747년 10월 2일

사랑하는 아들아,

네가 보낸 편지를 읽어보니, 스위스의 풍경을 다른 이들
에게 전할 만큼 훌륭하게 묘사했더구나. 네가 주변을 세심
하게 관찰했다는 사실이 무척 기쁜 일이다. 그러나 나는 네
가 풍경뿐 아니라 사람의 마음과 성향까지 읽어내는, 말하
자면 영혼의 초상화가가 되기를 바란다. 이것은 훨씬 더 높
은 수준의 능력이자, 앞으로의 삶에서 가장 쓸모 있는 자산

이다.

사람을 깊이 관찰해라. 그들의 감정과 약점 그리고 허영심과 기질을 살피며, 대체 무엇이 사람을 움직이게 하는지를 살펴보거라. 약간의 통찰과 꾸준한 관심만 있다면 이런 특징은 자연스럽게 눈에 들어오기 마련이다. 이것이야말로 진정한 세상 공부다. 세상은 책만으로 배울 수 있는 곳이 아니라, 직접 부딪혀봐야 알 수 있는 곳이다. 학자가 서재에서 세상을 논하는 것은, 연설가가 한니발에게 전쟁을 가르치는 것만큼이나 무의미하다.

세상을 제대로 배우려면 사람과 권력이 모인 곳을 경험해 봐야 한다. 궁정과 군대는 교육과 환경이 만들어 낸 다양한 인간들이 부딪히며, 각자의 성향과 능력을 드러내는 곳이다. 반면 작은 도시에는 사람들이 많지 않고 서로 비슷한 점이 많아서, 다양한 인간상을 접하기에는 어려운 점이 있다.

인간의 본성은 어디에서나 같지만, 그것이 드러나는 방식은 문화와 습관에 따라 달라진다. 친절함은 어디에서나 미덕이지만 그 친절을 표현하는 예법은 나라의 수만큼이나 다르다. 그러므로 현명한 사람은 자신이 처한 곳에 맞게, 태도와 방식을 유연하게 조정할 줄 알아야 한다.

이러한 상황 적응력은 매우 중요한 재능이다. 진지한 사람 앞에서는 진지하고 명랑한 이들과는 명랑하게, 가벼운 사람들과는 가볍게 어울릴 줄 알아야 한다.

마지막으로, 여러 사람이 그린 너의 초상화 중 하나가 우연히 내 손에 들어와 이 편지와 함께 보낸다. 네가 로잔에 있을 때 그려진 것이라고 하는구나. 신의 축복이 늘 너와 함께하길 바라며, 부디 잘 지내거라.

너의 아버지로부터

체스터필드의 기르침

체스터필드는 인간관계의 본질을 '사람을 읽는 능력'에서 찾는다.

풍경을 묘사하는 일은 누구나 할 수 있지만, 사람의 내면을 읽는 능력은 삶의 수준을 좌우하는 고급 기술이다.

그는 겉모습이나 말투에 속지 말고 한 사람을 움직이는 욕망과 두려움, 약점과 허영심 그리고 감정이 반복되는 패턴을 관찰하라고 조언한다. 이러한 내면의 흐름은 약간의 주의와 꾸준한 관찰만 있다면 자연스럽게 보이기 시작한다. 인간에 대한 이해는 책이 아니라, 사람을 직접 만나고 부딪히는 경험을 통해 비로소 완성된다는 점을 거듭 강조하고 있다.

그리고 환경이 인간을 어떻게 형성하는지를 이해하는 것도 중요하다고 말한다. 인간의 본성은 어디서나 같지만, 그것이 드러나는 방식은 교육과 습관 그리고 문화와 직업에 따라 달라지기 때문이다. 궁정과 군대 그리고 학계와 종교계처럼 서로 다른 공간을 경험할수록, 인간을 더욱 입체적으로 이해할 수 있다는 것이다.

또 다른 핵심은 사회적 유연성이다. 태도와 말투를 상황에 맞게 조율하는 능력은 사회적 지능의 핵심이며, 관계에서 불필요한 마찰을 줄이고 신뢰를 얻는 가장 현실적인 방법이다.

마지막으로, '타인의 시선에서 바라본 자신'을 정기적으로 점검하라고 조언한다. 외부의 객관적 관찰은 자신을 비추는 거울이 되어, 자신의 한계와 성장의 속도를 또렷이 인식하게 해준다.

이 편지의 핵심 메시지는, 사람의 마음을 이해하는 능력은 곧 관계의 힘이며, 사회적 성공의 단단한 기반이 된다는 것이다. 인간을 입체적으로 이해하려는 태도가, 사회적 성공의 기반이 된다.

네가 만나는 사람이
곧 너를 말해준다

1747년 10월 9일

사랑하는 아들아,

너희 나이 때는 지나치게 솔직하고 사람을 곧이곧대로 믿는 탓에, 교활하거나 경험이 많은 사람들에게 쉽게 속곤 한다. 상대가 친근하게 대한다는 이유만으로 섣불리 친구라 믿고, 마음을 다 내주다 깊은 상처를 입기도 한다. 너도 사회로 나가거든 이런 선심 쓰는 듯한 우정을 특히 경계해야 한다. 예의는 지키되 믿음은 쉽게 주지 말아라. 칭찬에는 칭찬으로 답하되 신뢰는 서서히 표현하거라. 사람들은 첫눈에 친구가 되지 않는다. 진짜 우정은 서로의 진가를 오래 지켜보며 서서히 자라는 것이다.

그리고 또 한 가지 기억해야 할 것이 있다. 젊은이들 사이에는 갑자기 가까워졌다가 금세 사라지는 관계들도 있다. 술과 방탕한 행동으로 엮인 사이인데, 이는 우정이 아니라 단지 나쁜 짓의 공모자들에 불과하다. 이런 관계는 사소한 계기로도 쉽게 깨지고, 필요하다면 서로를 배신하거나 비웃는 데도 거리낌이 없다.

동료와 친구는 분명히 다르다는 것을 반드시 명심하거라. 함께 있으면 즐거운 사람이라고 언제나 좋은 친구는 아니다. 더구나 사람들은 네가 어떤 사람인지를 판단할 때, 네 주변에 누가 있는지를 먼저 살펴본다. '네가 누구와 함께 다니는지 말해라. 그러면 네가 누구인지 말해주겠다.'라는 스페인 속담은 세월이 증명한 말이다. 어리석거나 비열한 사람을 가까이 두는 사람은, 대개 감추고 싶은 뭔가가 있는 사람으로 보이기 쉽다. 그렇다고 그들을 일부러 적으로 만들 필요는 없다. 가능하면 불필요한 우정과 다툼을 피할 수 있는 중립을 지키거라.

많은 사람에게 속마음은 숨기고 겉으로는 자연스럽게 열린 태도로 대하는 것이 좋다. 겉모습까지 냉랭하면 사람을 불편하게 만들고, 마음을 지나치게 열면 자신을 위험에 빠뜨릴 수도 있게 되니 말이다.

다음으로 중요한 것은 누구와 어울릴지를 신중하게 선택하는 일이다. 가능하다면 언제나 너보다 나은 사람들과 함께해라. 그들과 있으면 너는 성장할 것이고, 수준 낮은 사람들과 어울리면 너도 그만큼 퇴보하게 될 것이다. 여기서 말하는 나은 사람이란, 출신이나 배경을 말하는 것이 아니라 세상에서 인정받은 재능과 인품을 지닌 이들을 말하는 거란다. 사회의 중심에 있거나 학문과 예술 그리고 각자의 분야에서 두드러진 사람들 말이다.

반대로 비열하고 보잘것없는 사람이 네게 아부하면서 곁에 머무르려고 하면, 반드시 피해야 한다. 그들은 너의 단점을 부추기며 네 시간과 에너지를 소모 시킬 뿐이다. 무리 안에서 자신이 가장 낫다고 우쭐하는 건 어리석고 해로운 착각이다. 사람은 자기보다 나은 사람들 사이에 있을 때, 자신의 능력을 끌어올리며 빠르게 성장하는 법이다.

아마 너는 항상 최고의 사람들과 어울리는 것이 정말 가능한 일인지 묻고 싶을 것이다. 결론부터 말하자면, 가능하다. 너 스스로 가치 있는 사람이 되면 된다. 배움과 예의를 갖추면 어디에서든 길을 열어준다. 예의 없는 학자는 촌스럽고 예의 없는 철학자는 괴팍하며, 예의 없는 군인은 거칠다. 어떤 재능도 좋은 예절이 뒷받침되지 않으면 오래 빛나지 않는다.

곧 네가 라이프치히에 도착했다는 소식을 듣겠구나. 내가 여러 사람의 눈을 빌려 너를 지켜보게 했으니, 그들이 전하는 평가는 모두 사실일 것이다. 그 인상이 좋은지 나쁜지는 전적으로 네게 달려 있다. 신의 축복이 늘 너와 함께하길 바라며, 부디 잘 지내거라.

너의 아버지로부터

체스터필드의 가르침

체스터필드는 '사람을 선택하는 기준'에 관해 아주 냉철하고 엄격한 잣대를 내세운다. 그는 젊은 시절의 인간관계가 인생 전체의 방향과 수준을 좌우한다고 보았다. 그래서 누구를 가까이하고 누구와 거리를 두어야 하는지를 단호하게 말한다.

그의 첫 번째 조언은 친절과 우정을 혼동하지 말라는 것이다. 젊은 사람들은 '우리는 친구야'라는 말 한마디에 쉽게 마음을 열며 지나친 신뢰를 보내지만, 대부분의 관계는 시간이 지나며 자연스럽게 멀어진다. 진짜 우정은 느리게 자라고 인성과 능력이 충분히 드러난 뒤에야 비로소 친구라는 이름을 얻는 것이다.

두 번째는 쾌락으로 맺어진 관계의 위험성이다. 유흥이나 감정에 휩쓸려 엮인 관계는 우정이 아닌 순간적인 공모에 가깝다. 이런 관계는 문제가 생기면 가장 먼저 등을 돌려 평판을 깎아내리고, 습관마저 망치며 결국 소중한 시간과 에너지만 낭비하게 만든다.

세 번째는 동료와 친구를 분명히 구분하라는 것이다. 많은 사람과 원만하게 지내는 태도는 꼭 필요하지만, 마음을 나눌 사람을 선택할 때는 각별히 신중해야 한다. 사람들은 상대가 어떤 사람인지를 판단할 때, 상대의 곁에 있는 사람들을 먼저 보는 법이다. 그래서 관계는 곧 평판이 되는 것이다.

체스터필드가 특히 강조하는 원칙은, 나보다 나은 사람들과 어울리라는 것이다. 환경은 사람을 성장시키기도 하고, 순식간에 바닥으로 떨어트리기도 한다. 단지 비위를 맞춰주며 안주하게 만드는 사람들과 오래 지내다 보면, 순간은 즐겁더라도 삶은 점점 얄팍해질 것이다.

요즘 말로 하면, '끼리끼리는 과학'인 것이다. 사람은 자신이 자주 만나는 이들의 말투와 가치관 그리고 태도를 닮아가기 마련이다. 이 편지의 핵심 메시지는, 사람을 가릴 줄 아는 안목이 인생의 수준을 결정한다는 것이다. 좋은 사람들과 어울리는 습관이 삶의 기준과 방향을 잡아준다.

대접받고 싶은 만큼
남을 대접해라

1747년 10월 16일

사랑하는 아들아,

사람을 기쁘게 하는 능력은 사회에서 꼭 필요한 기술이지만, 터득하기란 매우 어렵다. 정해진 규칙이 없기에 너의 관찰력과 풍부한 경험이 가장 좋은 스승이 될 것이다. 다만 기본 원칙은 아주 단순하다. 네가 대접받고 싶은 방식이 있다면 그대로 남을 대하거라. 네가 기쁘게 느꼈던 배려와 관심을 상대에게 같은 온도로 되돌려주면 되는 것이다.

그리고 네가 속한 자리의 흐름을 파악해, 되도록 그 분위기를 따라가거라. 자리를 주도하려 애쓰지 말고, 분위기에 맞춰 진지할 때는 진지하게 가벼울 때는 가볍게 호응해라. 남들이 지루해할 긴 이야기나 무용담은 피하고, 꼭 해야 할 말이라도 될 수 있으면 짧게 하길 바란다. 자기 자랑은 특히 삼가야 한다. 너에게는 흥미로운 경험일지라도 다른 이들에게는 대개 따분하게 들릴 뿐이다.

자신의 능력을 과시하려는 태도도 완전히 버려라. 진짜 능력이 있는 사람은 애써 드러내지 않더라도 사람들이 알아보게 되어 있다.

논쟁할 때는 감정을 싣지 말아라. 의견은 차분하고 정중하게 말할 때 가장 설득력이 있는 거란다. 상대가 끝내 설득되지 않는다면 화제를 바꾸는 것도 현명한 지혜다.

어떤 자리에서든 그곳의 '로컬 룰'을 존중해라. 어느 자리에서는 환호받았던 농담이나 이야기라도, 다른 곳에서는 어색하거나 불쾌하게 들릴 수 있다. 기대를 부풀리는 "정말 재미있는 이야기를 하나 할게요."라는 말은 특히 위험하다. 대부분 실망만 남길 뿐이다.

누군가의 마음을 얻고 싶다면 그 사람의 강점과 약점을 정확히 파악해라. 강점에 대해서는 사실에 근거해 솔직하게 인정해 주고, 약점에 대해서는 상대의 자존심을 해치지 않도록 조심스럽게 말을 건네라.

사람은 확신이 없는 곳에서 가장 쉽게 흔들린다. 그래서 누구나 그 불안을 달래기 위해 마음속에 의지할 만한 믿음 하나쯤 지니고 있다. 그 믿음이 바로 마음을 여는 문이 된다.

내 말은 상대에게 비굴해지거나 아부하라는 뜻이 아니다. 악덕을 칭찬하라는 것은 더더욱 아니다. 다만 해가 되지 않는 범위에서 상대가 스스로 자랑스럽게 여기는 부분을 인정해 주라는 것이다.

마지막으로 사람의 사소한 취향과 버릇을 세심하게 관찰하고 기억하거라. 무엇을 먹고 싶어 하는지, 누구를 불편해하는지, 어떤 자리를 선호하는지를 기억하고 헤아리는 그 순간의 배려가 상대에게 깊은 인상을 남긴다. 그것은 '나는 지금 당신을 특별히 신경 쓰고 있습니다.'라는 분명한 메시지가 될 것이다.

이 모든 것은 네가 사회로 나갈 때 꼭 필요한 핵심 기술이다. 나는 이 기술을 익히기 위해 평생에 걸쳐 값비싼 대가를 치렀다. 나는 네가 그 비용을 치르지 않고 배울 수 있다면, 그것보다 기쁜 일이 없을 것 같구나. 신의 축복이 늘 너와 함께하길 바라며, 부디 잘 지내거라.

너의 아버지로부터

체스터필드의 가르침

체스터필드는 인간관계가 타고난 재능이 아니라, 의식적으로 배워야 할 기술이라고 말한다. 사람은 누구나 자신을 기분 좋게 대하는 이에게 마음을 열기 마련이다. 그런 능력은 타고나는 것이 아니라, 상대를 세심하게 관찰하고 상황에 맞는 말투와 표정 그리고 태도를 가다듬는 꾸준한 연습으로 완성되는 것이다.

인간관계는 내가 받고 싶은 대접을, 타인에게 먼저 베푸는 데서 시작한다. 존중이 담긴 말투와 예의를 갖춘 행동, 세심한 배려는 자연스럽게 호감을 산다. 반대로 장황한 이야기나 자기 자랑, 감정이 실린 논쟁 등은 사람을 지치게 하고 신뢰를 떨어뜨린다. 체스터필드는 '짧고 부드럽게 말하는 사람'이 가장 설득력이 높다고 강조한다.

사람은 누구나 강점과 약점이 있다. 누군가는 인정에 목말라하고 누군가는 의심이 많으며, 누군가는 칭찬에 쉽게 반응한다. 이런 각자의 '심리적 문'을 알아차리는 능력이 관계를 여는 결정적인 열쇠다. 이는 상대를 조작하는 기술이 아니라, 이해하는 능력에 가깝다. 사람은 자신이 확신하지 못하는 지점에서 오히려 더 쉽게 마음을 연다.

더 나아가 체스터필드는 자리마다 존재하지만 보이지 않는 규칙, 즉 '로컬 룰'을 존중하라고 조언한다. 어떤 자리에서 환영받았던 농담이 다른 자리에서는 무례가 될 수도 있고, 때로는 말보다 침묵이 더 나을 때도 있다. 분위기를 읽고 말의 수위를 조절할 줄 아는 사람이 자연스럽게 호감을 얻는다.

마지막으로 그는 세심한 배려가 신뢰를 쌓는다고 강조한다. 상대의 취향을 기억하고 불편해하는 요소를 피하며, 선호하는 것을 존중해주는 태도는 자연스럽게 '당신은 특별하다'라는 메시지를 전한다.

이 편지의 핵심 메시지는, 사람의 마음은 이해받는 순간 열리고 세심한 사람에게 자연스럽게 기울어진다는 것이다. 작은 관심과 배려가 쌓일 때 신뢰와 호감은 저절로 따라온다.

보고 듣고 궁금해하고
질문하라

1747년 10월 30일

사랑하는 아들아,

네가 보낸 여행기를 읽어보니 단순히 장소를 스쳐 지나가는 데 그치지 않고, 관찰하고 질문하며 기록한다는 점이 무척 기쁘구나. 그것이야말로 여행의 진짜 목적이란다. 많은 이들은 볼거리를 눈으로만 보고 떠나기 때문에, 결국에는 여행의 전과 후가 크게 다르지 않게 되는 것이다.

도시에 머물 때마다 그곳에 대한 안내서를 읽고, 궁금한 점은 그곳을 가장 잘 아는 사람에게 직접 물어보거라. 그 경험이 네 시야를 한층 더 넓혀줄 것이다. 무엇보다 중요한 것은 보고 듣고 궁금해하며 질문하는 자세다. 이런 자세를 갖추지 못한 젊은 시절의 게으름과 무관심은, 훗날 감당하기 어려운 삶의 무게로 돌아올 것이다.

이제 앞으로 3~4년의 세월은 네 인생의 방향을 결정할 매우 중요한 시기가 될 것이다. 내 말은 하루 종일 책상 앞에만 앉아 있으라는 뜻이 아니다. 하루를 의미 있게 채우고, 늘 무언가를 하는 상태로 지내라는 것이다. 자투리 시간도 쌓이면 큰 힘이 된다. 아무것도 하지 않으면서 시간을 흘려보내기보다는, 가벼운 유머집이라도 읽는 편이 훨씬 낫다.

나는 즐거움을 게으름과 같게 보지 않는다. 공연이나 모임, 무도회 같은 자리에서도 주의 깊게 보고 듣고 생각하거라. 그렇게 누리는 즐거움은 결코 헛된 시간이 아니란다.

그러나 많은 사람은 여가를 보내면서 아무것도 관찰하지 않는다. 몸은 그 자리에 있으나 마음은 딴 데 가 있어, 보아도 보지 못하고 들어도 듣지 못하는 상태가 되는 것이다.

어디에 있든 네가 지금 하는 일에 온전히 집중해라. 그 일이 가치 없다고 판단되면 시작하지도 말고, 시작했다면 끝까지 제대로 하길 바란다. 눈과 귀를 늘 열어두고 사람의 말뿐 아니라 상대의 표정과 감정까지 살피거라. 다만 이런 관찰은 마음속에서만 간직하고 겉으로 드러내지는 말아라. 관찰한다는 사실이 알려지면 사람들이 너를 경계할지도 모른다.

이 모든 조언은 나의 오랜 경험과 너를 향한 애정에서 나오는 것이다. 지금은 그 가치를 온전히 이해하지 못하겠지만, 언젠가 그 의미를 깨닫는 날이 반드시 올 것이라 믿는다. 신의 축복이 늘 너와 함께하길 바라며, 부디 잘 지내거라.

너의 아버지로부터

체스터필드의 기르침

체스터필드가 강조하는 것은 여행의 장소가 아니라 여행하는 태

도다. 어느 도시에서 누구를 만나든, 주의 깊게 관찰하고 질문하며 기록하지 않는다면 그 경험은 단순한 '이동'에 불과하다는 것이다. 명소를 사진 찍듯 훑고 지나치는 사람에게는 특별한 것이 남지 않는다.

그는 '젊은 날의 게으름과 무관심이야말로 가장 큰 손실이다.'라고 말한다. 젊은 시절 무심코 흘려보낸 시간은 배움에 가장 좋은 시기를 영영 잃게 만든다. 그가 정의하는 성장의 본질은 명쾌하다.

"지금 하는 일에 온전히 집중하라."

그 일이 가치가 없다면 애초에 시작하지도 말고, 시작했다면 끝까지 제대로 하라는 뜻이다. 집중을 잃는 순간, 배움과 관계 그리고 사회적 신뢰도 함께 흐트러진다. 우리가 대화를 나누고도 내용이 기억나지 않고, 좋은 공연을 보고도 장면 하나 떠올리지 못하는 이유가 바로 여기에 있다. 몸은 그 자리에 있지만, 마음은 함께하지 않았기 때문이다.

그는 또 하나의 중요한 관계 원리를 덧붙인다. 성급함과 경솔함이 관계를 망가뜨리는 지름길이라는 것이다. 주의력이 부족한 사람은 실수가 잦고 상대의 말을 놓치며, 분위기를 읽지 못한다. 그럴수록 사람들은 그를 '있으나 마나 한 존재'로 여기게 된다. 반대로 집중하는 사람은 상대의 표정과 말의 분위기, 감정의 미묘한 변화를 통해 관계의 흐름을 읽어낸다. 그 결과 신뢰를 얻게 되고, 마침내 기회로까지 이어지는 것이다.

그리고 관찰할 때는 편안한 태도와 밝은 눈을 유지하라고 조언한다. 사람을 세밀하게 살피더라도, 그 사실을 드러내거나 과시하면 누구든 불편해할 수 있기 때문이다. 좋은 관찰자는 자신의 세심함을 드러내지 않고, 겉으로 자연스럽게 행동한다. 차분함이 곧 품격인 것이다.

성장은 집중에서 나오고 집중은 태도에서 나오며, 관계의 밀도는 태도에서 나온다. 멍한 사람은 어느 자리에 있더라도 흐릿한 존재로 남지만, 집중하는 사람은 어느 자리에서든 존재감을 드러낸다. 체스터필드는 이 단순한 진리를 아들이 깨닫는 데 오랜 시간이 걸리지 않기를 바랐다.

이 편지의 핵심 메시지는, 관찰하고 집중하는 태도가 경험을 배움으로 바꾸며, 삶의 수준을 결정한다는 것이다. 순간에도 온전히 주의를 기울이는 사람이, 삶을 깊이 이해하고 기회를 붙잡는다.

누구에게나
배울 점은 있다

1748년 1월 2일

사랑하는 아들아,

라이프치히에서의 생활과 시간을 쓰는 방식을 전해 듣고 매우 흐뭇했다. 하루를 빈틈없이 채워서 쓰는 것이 겉보기에는 여유가 없어 보일지도 모른다. 그러나 시간을 계획하고 관리할 줄 아는 사람만이 진정한 여유를 누리는 법이다. 이렇게 쌓은 시간은 머지않아 큰 이자로 돌아와 네가 미처 예상하지도 못한 보상을 안겨 줄 것이다.

함께 식사하는 열네 명의 동료 중에 특별히 세련되거나 눈에 띄는 인물이 많지 않을지도 모른다. 그렇다고 그들이 너의 기대에 미치지 못한다는 이유로, 함부로 판단하거나 낮춰 보아서는 절대 안 된다. 그것은 예의에도 어긋나고 현명한 판단도 아니다. 오히려 그들에게서 배울 수 있는 것은 빠짐없이 배우도록 해라. 누구에게든 배울 점은 있으며 그들과의 교류만으로도 언어는 물론, 각 지역의 관습과 법률 그리고 정치와 가문에 대한 지식까지 자연스럽게 배울 수 있다. 완전히 쓸모없는 사람은 없으며, 현명하고 총명한 사람은 상대를 가리지 않고 배우는 법이다.

쿠를란트 공작부인과의 교류도 소홀히 해서는 안 된다. 본업에 지장을 주지 않는 선에서 자주 찾아뵙고, 사교적 예절과 처신을 몸에 익혀라. 이러한 만남은 책으로 얻는 지식보다 말투와 태도 그리고 사회적 감각을 기르는 데 훨씬 큰 도움이 될 것이다.

최근 몇 통의 편지가 빠진 것 같으니, 앞으로는 편지를 받을 때마다 날짜를 적어서 확인하도록 하자. 내 독감은 이제 완전히 회복되었으니 걱정하지 말아라. 그리고 그레벤

코프가 독일어로 보내는 편지는 네 독일어 실력과 문체를 한층 더 향상해 줄 것이다. 신의 축복이 늘 너와 함께하길 바라며, 부디 잘 지내거라.

너의 아버지로부터

체스터필드의 가르침

체스터필드는 사회적 신뢰의 출발점이 지식이 아니라 태도와 행동에 있음을 거듭 강조한다. 그는 표정과 말투, 자세와 몸짓 같은 태도가 먼저 상대의 마음을 움직인다고 강조한다.

상대가 다소 투박하거나 지루해 보일지라도 그 안에는 반드시 배울 점이 있다. 상대를 가볍게 여기는 순간 드러나는 것은 세련됨이 아니라, 나 자신의 오만과 편협함이다. 체스터필드는 '완전히 쓸모없는 사람은 없다'라고 단언하며, 사람을 존중하는 태도 자체가 곧 그 사람의 세련됨을 완성한다고 가르치고 있다.

그가 말하는 세련됨은 단순한 예절을 말하는 것이 아니다. 그것은 말투의 부드러움과 표정의 안정감, 자연스러운 몸가짐과 상대를 편안하게 만드는 분위기 등 말로 규정하기 어려운 비언어적 요소들이 모여 빚어내는 사회적 품격이다. 이는 책만으로 배울 수 없고 사람들과의 실제 교류 속에서 다듬어지는 것이다. 그래서 공작 부인과 같은 상류층 인물과의 대화도 중요한 학습이 되는 것이다. 말을 주고받는 과정에서 사회적 분위기와 존중의 방식 그리고 자연스러운 표현이 차곡차곡 쌓이기 때문이다.

이 편지의 핵심 메시지는, 태도가 신뢰를 만들고 신뢰는 다시 기회를 만든다는 것이다. 그리고 일상 속 작은 존중과 세심한 배려가 쌓일 때, 비로소 사람과 세상을 온전히 내 편으로 만들 수 있다..

타인의 생각에
네 판단을 맡기지 마라

1748년 8월 30일

사랑하는 아들아,

네가 보낸 최근 편지를 읽으며 무엇보다 기뻤던 것은, 책의 내용을 그대로 받아들이지 않고, 너 스스로 생각하고 해석해서 정리한 흔적이 보였다는 점이다. 많은 이들은 단순히 책을 읽었다는 사실에 만족한다. 그렇게 쌓인 지식은 정리되지 않고 흩어져 있는 잡동사니에 불과할 뿐이란다. 읽는다는 것은 기억하는 것이 아니라 내용을 가려내고 판단하는 일이다.

그러니 지금처럼 꾸준히 읽되, 어떤 저자의 말도 곧이곧대로 믿지는 말아라. 같은 사건을 여러 시각에서 살펴보고, 그 설명이 과연 개연성이 있는지를 너 스스로 따져봐야 한다. 인간에게 완전한 확실성은 허락되지 않지만, 진실에 가장 근접한 해석에 다가가는 노력은 가능할 것이다. 그것이 역사를 대하는 올바른 태도다.

특히 어떤 사건의 원인이나 동기를 분석할 때는 더욱 신중해야 한다. 위대한 행동이 반드시 위대한 동기에서 나오는 것은 아니다. 인간은 이성적이면서도 동시에 감정적이며 많은 결정은 욕망과 기분, 우연한 상황에서 내려지기도 한다. 훌륭한 사람도 결함이 있고, 평범해 보이는 사람도 때로는 놀라운 판단을 한다. 그러니 인물을 지나치게 미화하거나, 역사를 도덕적 교훈으로 단순화하는 설명은 경계해야 할 것이다.

정치도 마찬가지다. 국가는 겉으로 내세우는 명분보다, 실제로 힘을 갖는 구조와 이해타산에 따라 움직인다. 하나의 명령 체계로 움직이는 조직은, 여러 이해관계가 얽힌 느슨한 연합보다 훨씬 강력하다. 각자의 계산법이 다른 한, 협력은 언제든 쉽게 흔들릴 수 있기 때문이다. 이런 구조를 읽어내지 못하면 표면적인 동맹과 선언에 속기 쉽다.

　네가 정치에 흥미를 느낀다는 말을 들으니 매우 반갑구나. 그것은 단순한 호기심이 아니라, 세상을 입체적으로 바라보는 자질이 있다는 뜻일 것이다. 앞으로도 책을 통해 사실을 배우되, 그 사실들을 연결하고 비교하며 스스로 판단을 내리는 훈련을 게을리하지 말아라.

　이만 줄이겠다. 네 생각이 깊어질수록, 너를 향한 나의 애정도 그만큼 깊어지는구나. 신의 축복이 늘 너와 함께하길 바라며, 부디 잘 지내거라.

너의 아버지로부터

체스터필드의 가르침

체스터필드는 독서를 지식 축적의 수단으로 보지 않는다. 읽는다는 것은 정보를 모으는 일이 아니라, 판단력을 훈련하는 과정이다. 많은 사람이 책을 읽지만, 머릿속에 정보만 쌓아둘 뿐 무엇이 타당한지는 스스로 검토하거나 질문하지 않는다. 그렇게 모인 지식은 질서를 잃고, 사고를 돕기보다는 오히려 판단을 흐리게 만드는 것이다.

그가 아들에게 요구한 것은 바로 '비판적 거리두기'였다. 아무리 훌륭한 저자의 말이라도 그대로 받아들이지 말고, 같은 사건을 여러 시각에서 비교하며 가장 개연성 있는 해석이 무엇인지를 스스로 생각해서 판단하라는 것이다. 역사에서 완전한 확실성을 얻기는 어렵지만, 더 나은 판단에 다가가려는 태도는 충분히 훈련할 수 있다. 체스터필드에게 학문은 암기의 문제가 아니라 분별력의 영역이다.

그는 특히 인간의 동기를 지나치게 단순화하는 태도를 경계했다.

위대한 행동이 고귀한 동기에서 비롯된다고 믿는 것은 순진한 착각이라고 했다. 인간은 이성뿐 아니라 감정과 욕망 그리고 우연에 의해 움직이며, 수많은 결정도 순간의 상황과 기분에 따라 이뤄질 때가 있다. 훌륭한 인물에게도 결함은 있고, 평범해 보이는 사람에게도 날카로운 판단의 순간은 있다. 그래서 그는 역사를 도덕적 교훈으로 포장한 설명에 쉽게 동의하지 말라고 조언한다.

정치도 매한가지다. 체스터필드는 국가의 힘을 명분이나 선언에서 찾지 않았다. 세상을 실제로 움직이는 것은 치밀한 구조와 냉철한 의사결정 방식이기 때문이다. 판단과 실행이 한곳에 집중된 체계는, 이해관계가 제각각인 연합보다 훨씬 일관되게 움직인다. 각자가 따로 계산하는 이익이 존재하는 한, 협력은 언제든지 느슨해질 수 있다. 겉으로는 강해 보이는 연합이 실전에서 쉽게 무너지는 이유가 여기에 있다.

그가 정치에 관심을 보이는 아들을 반긴 이유도 바로 이것이다. 정치는 사건을 암기하는 학문이 아니라, 인간과 세상의 구조를 꿰뚫어 보는 영역이기 때문이다. 책은 정보를 제공하지만, 판단은 언제나 읽는 사람의 몫이다. 체스터필드가 바란 건 박식한 아들이 아니라, 사유하고 판단할 줄 아는 아들이었다.

이 편지의 핵심 메시지는, 중요한 것은 지식의 양이 아니라, 그것을 어떻게 정리하고 해석하며 판단하느냐는 것이다. 지식은 도구일 뿐, 그것을 삶에서 활용할 줄 아는 사람이 비로소 지혜를 가진다.

인상이 말보다
먼저 드러난다

1749년 8월 20일

사랑하는 아들아,

네가 세상을 어떤 태도로 살아가야 하는지에 대해, 다시 한번 이야기하고자 한다. 이런 내용은 젊은 나이에 가장 필요한데 학교나 가정 어디에서도 제대로 가르치지 않는다는 것이 문제다. 물론 세상살이가 이론만으로 되는 것은 아니다. 하지만 미로처럼 복잡한 세상으로 들어가기 전, 그 길을 먼저 걸어본 사람이 그려 둔 지도 한 장을 손에 쥔다면, 그것만으로도 큰 도움이 되지 않겠느냐.

세상에서 존중받기 위해서 가장 중요한 것은 바로 품위 있는 태도다. 천박한 농담과 경박한 웃음, 선을 넘는 친근함과 장난은, 아무리 유능한 사람이라도 순식간에 우스운 존재로 만들어 버린다. 지나친 친근함의 표현은 윗사람에게 무례가 되고, 아랫사람에게는 권위를 잃게 되는 빌미가 된다. 사람을 웃게 하거나 분위기를 잘 띄운다는 이유로 어떤 자리에 불려 간다면, 그것은 존중이 아니라 광대 취급을 받는 것이다. 순간의 필요일 뿐, 인간적인 신뢰로까지 이어질지는 잘 모르겠다.

내가 말하는 품위는 교만과는 전혀 다르다. 진짜 용기가 허세와 다르고, 재치가 천박한 농담과 다른 것처럼 말이다. 교만은 사람을 강해 보이게 만들지 않는다. 오히려 비웃음을 부를 뿐이다. 지나친 아부와 맹목적인 동조 역시, 자신의 가치를 스스로 낮추는 행동이다.

품위는 자기 의견을 조용히 말할 줄 아는 태도와 타인의 의견을 우아하게 받아들이는 배려에서 드러난다. 단어 선택과 몸짓 그리고 사소한 습관은 그 사람의 마음가짐과 교육 수준, 나아가 그가 속한 세계까지도 보여준다. 하찮은 일에 집착하거나 사소한 걸 과시하는 태도는, 큰일을 맡기기에는 어렵다는 신호가 될 수도 있다.

표정과 움직임도 마찬가지다. 경박한 웃음과 산만한 행동은 사람을 가볍게 보이게 한다. 반면 적당한 진지함은 품위를 지키면서도 재치와 즐거움을 함께 담아낸다. 늘 급하고 허둥거리는 모습은 부지런함이 아니라, 오히려 자신의 능력 부족을 드러낼 뿐이다.

도덕적 결함은 아주 치명적이다. 그러나 사람을 더 빠르게 무너뜨리는 것은, 겉으로 드러나는 품위의 상실이다. 때론 외적인 품위가 의식적으로 만들어진 것이라고 하더라도, 그 사람의 명성과 신뢰를 오래 유지해 주는 힘이 된다. 그러니 품위를 사소한 것으로 여기지 말아라. 그것은 사회에서 너를 지켜주는 가장 실용적인 방패다. 신의 축복이 늘 너와 함께하길 바라며, 부디 잘 지내거라.

너의 아버지로부터

체스터필드의 가르침

체스터필드는 실력을 어떻게 드러낼지보다, 태도로 실력을 망치지 않는 법을 가르친다. 사람은 상대의 능력보다 태도를 먼저 보며, 품위는 그 첫인상을 좌우하는 결정적 요소이기 때문이다.

그는 친근함을 미덕으로 착각하지 말라고 경고한다. 관계의 깊이는 함께한 시간으로 완성되는 것이지, 웃음과 농담으로 단숨에 좁힐 수 있는 것이 아니다. 가벼움으로 얻은 호감은 오래가지 않으며, 신뢰로 이어지기보다는 사람을 '편리한 존재'로 인식시키기 쉽다. 존중받는 사람은 즐거움을 제공하는 사람이 아니라, 자신만의 기준과 중심을 가진 사람이다.

체스터필드가 말하는 품위는 거만하고 오만한 태도가 아니다. 그것은 자신을 과시하지도 상대에게 자신을 지나치게 낮추지도 않는 균형감각이다. 허세는 자신을 과장하고, 지나친 아부와 동조는 자신을 지워버린다. 방향은 달라 보이지만, 주체적인 판단을 포기했다는 점에서는 같다.

그는 말투와 몸짓, 사소한 습관 등이 쌓이며 사람의 '무게'를 만든다고 했다. 무엇을 중요하게 여기고 무엇을 가볍게 넘기는지는 그 사람의 그릇을 보여준다. 작은 일에 과하게 집착하는 사람에게 책임 있는 일을 맡기지 않는 이유이기도 하다.

그리고 그는 분주함과 성실함을 분명히 구분하라고 한다. 성급한 태도는 열정이 아니라 통제력을 잃었다는 신호이며, 차분함은 느림이 아니라 자신의 속도를 정확히 아는 사람에게서 나오는 것이다.

체스터필드가 반복해서 강조한 결론은 의외로 단순하다. 품위는 장식이 아니라, 자신을 지키는 견고한 방패다. 잘 다듬어진 태도는 신뢰를 떠받치고, 불필요한 오해와 하찮은 평가로부터 자신을 보호한다. 사회에서 오래 살아남는 이는 가장 똑똑한 사람이 아니라, 가장 안정된 인상을 남기는 사람이다.

이 편지의 핵심 메시지는, 능력은 시간이 지나야 증명되지만, 품위 있는 태도는 신뢰를 만들며 사람의 품격을 결정한다는 것이다.

사람은 이런 신뢰와 균형이 쌓일 때, 능력을 넘어서는 힘을 갖게 된다.

Letters

to His Son

PART III

생각의 망원경

배움으로 세상을 바라보다

체스터필드는 아들에게 끊임없이 배우라고 말하면서도, 그가 엄격하게 강조한 것은 '얼마나 많이 아는가'가 아니라 '어떻게 세상을 바라보는가'였다. 배움은 지식을 쌓아두는 일이 아니라, 스스로 생각하고 해석해 자신의 언어와 판단으로 만드는 과정인 것이다. 그는 무엇을 아느냐보다, 그 앎을 통해 세상을 어떻게 읽느냐가 지성의 수준을 가른다고 보았다.

PART III에 담긴 편지들은 바로 이 '보는 힘'을 키우는 법을 다룬다.

읽고 쓰고 생각하는 태도에서부터 낯선 환경에서의 처세, 조언을 받아들이는 자세에 이르기까지, 지식을 삶의 무기로 만드는 사고의 기술을 차분히 보여준다. 이 편지들은 지식을 소유하는 데 그치지 않고, 지식으로 더 멀리 보고 더 깊이 판단하는 사람이 되는 길을 안내하고 있다.

체스터필드는 먼저, 읽는 태도를 말한다.

읽기는 정보를 소비하는 행위가 아니라, 내용을 해체하고 구조를 파악해 자신의 기준으로 재구성하는 일이다. 겉만 훑는 독서는 시야를 넓히지 못한다. 읽고 질문하며 자신의 말로 정리할 때, 비로소 생각의 초점이 맞춰지는 것이다. 읽기의 깊이는 곧 사고가 깊이가 된다.

글쓰기 또한 생각의 망원경을 정교하게 만드는 핵심이다.

그는 글이 곧 사람의 수준을 드러낸다고 보았다. 생각이 흐릿하면 문장도 흐려지고, 문장이 명료해질수록 생각도 선명해진다. 기록하는 습관은 흩어져 있는 지식을 한곳으로 모아 주며, 순간의 통찰을 현명한 판단으로 바꿔준다.

새로운 환경에서 배우는 태도 역시 강조한다.

낯선 장소와 문화 그리고 새로운 사람들 앞에서 가장 중요한 것은, 관찰하는 자세다. 예의를 아는 사람은 어디에서 든 환영받고, 관찰할 줄 아는 사람은 남들이 보지 못한 맥락을 읽어낸다. 겸손은 배움의 시야를 열고 관찰은 시야를 넓혀주는 것이다.

조언을 대하는 자세 또한 PART III의 중요한 주제다.

경험이 부족한 사람일수록 타인의 조언을 경계하지만, 조언을 해석해 자신의 것으로 흡수하는 사람은 그 순간부터 성장한다. 좋은 배움이란 남의 지혜를 빌리는 것이 아니라 그것을 내 생각의 연장선으로 만드는 일이다.

PART III에서 전하는 메시지는 분명하다.

읽고 쓰고 생각하는 힘이란, 지식을 삶의 동력으로 바꾸는 기술이다. 생각의 망원경을 가진 사람은 환경이 바뀌어도 쉽게 흔들리지 않는다. 배움이 쌓일수록 태도는 단단해지고, 판단은 정확해진다. 생각의 깊이는 곧 사람의 깊이이며, 세상을 읽는 눈을 가진 사람만이 자신의 삶을 스스로 설계할 수 있는 것이다.

품격 있는 태도는
황금보다 더 빛난다

1747년 3월 6일

사랑하는 아들아,

런던에서 네 소식을 들었다. 로잔에 있는 생제르맹 부인과 팡피니 씨가 보내온 편지에 네가 이전보다 훨씬 세련되고 예의 바른 모습으로 성장했다고 적혀 있더구나. 영국인 특유의 수줍음과 무뚝뚝함을 벗어 버리고 있다는 소식에 특히 기뻤다.

내가 늘 말했지만, 사람을 편안하게 만드는 부드러운 매너, 품위 있는 태도와 같은 덕목은 많은 이들이 생각하는 것보다 훨씬 큰 가치를 지닌다. 덕과 학문은 금과 같지만 갈고 닦지 않으면 그 빛을 발하지 못한다. 반면 잘 닦인 황동은, 때로는 금보다 더 먼저 사람의 눈길을 끌기도 한다.

프랑스인의 자연스러운 예절과 기품은 그들의 결점을 가려주기에 충분하다. 만약에 네가 덕과 학문 위에 우아한 태도까지 갖춘다면, 인간이 다가갈 수 있는 가장 완성된 모습에 가까워지지 않을까 싶다.

덕은 스스로 선택하는 것이고, 지성과 배움은 이미 네 안에 자리 잡고 있다. 이제 남은 것은 세상이라는 무대에서 그 성품을 끝까지 완성하는 일이다. 생제르맹 부인과 팡피니 씨가 너를 좋게 평가해 준 것에 대해 반드시 감사의 인사를 하거라. 그리고 앞으로도 그들의 평가에 어울리는 사람이 되도록 계속 노력하거라. 그러면 너는 나의 사랑뿐 아니라, 세상의 신뢰까지 얻게 될 것이다. 신의 축복이 늘 너와 함께하길 바라며, 부디 잘 지내거라.

너의 아버지로부터

체스터필드의 가르침

체스터필드는 사람의 태도가 지닌 결정적인 힘을 강조한다. 사람들은 흔히 덕과 능력 그리고 지식이 가장 중요하다고 말하지만, 실제로 사람을 움직이고 기회를 열어주는 것은, 말로 설명하기 힘든 '태도'라는 비언어적 힘이다.

그는 태도를 단순한 예절로만 보는 것이 아니라, 능력을 완성 시키는 핵심 요소로 보았다. 덕은 선택으로 쌓이고 지식은 축적으로 늘지만, 태도는 반복되는 연습으로만 완성된다. 그러나 많은 사람은 이 마지막 단계를 사소하게 여기며 능력만 있으면 충분하다고 오해한다. 체스터필드는 바로 그 지점을 경고한다. 아무리 순금이라도 광택이 없으면 빛을 잃는 것이다. 태도는 결점을 가려주고, 실력은 태도를 통해서 비로소 사회적 가치를 얻게 되는 것이다.

이 원리는 오늘날의 조직과 사회에서도 그대로 적용된다. 사람들은 유능하고 박식한 이보다, 함께 있어도 불편함이 없는 사람을 더 자주 선택한다. 다시 말해 품위와 세련됨을 고루 갖춘 사람을 더 선호한다는 뜻이다.

따뜻한 미소와 안정된 말투, 상대를 배려하는 질문과 상황에 어울리는 절제된 행동은 단순한 예의가 아니다. 그것들은 신뢰를 쌓고 관계를 지속시키며, 기회를 끌어당기는 고도의 전략이자 기술이다.

그리고 그는 칭찬과 피드백을 마주하는 태도 역시 중요하게 본다. 칭찬은 관계의 문을 열고, 조언은 성숙을 위한 재료가 된다. 감사할 줄 아는 태도는 사람을 한 단계 더 성장하게 만드는 것이다.

이 편지의 핵심 메시지는, 실력은 사람을 준비시키지만, 태도는 그를 선택받게 만든다는 것이다. 태도는 타고나는 것이 아니라, 매일 의식적으로 다듬어가며 완성하는 것이다.

가벼운 쾌락은 버리고
값진 즐거움을 택하라

1747년 3월 27일

사랑하는 아들아,

젊은이들이 실패하는 큰 이유 중 하나는 분별없이 즐거움만을 좇기 때문이다. 참된 즐거움을 분별할 힘이 부족하면, 그 즐거움을 좇은 선택은 종종 고통과 후회로 돌아온다.

나는 즐거움을 부정하는 금욕주의자도 아니고, 고리타분하게 훈계를 늘어놓는 사람도 아니다. 오히려 즐거움을 제대로 누리라고 말하는 편이다. 문제는 많은 젊은이가 자신의 취향으로 즐거움을 선택하지 않고, 사람들이 흔히 멋있다고 여기는 유행을 생각 없이 따라 한다는 데 있다. 그 결과로 즐거움을 아는 사람이 아니라, 허영심에 찌든 사람으로 남게 되는 것이다.

부끄럽지만 내 젊은 시절도 그랬다. 술을 좋아하지 않으면서도 마셨고, 흥미 없는 도박도 해보았다. 진심으로 원해서가 아니라, 그렇게 해야 멋있는 사람처럼 보일 거라고 착각했기 때문이었다. 그런 허영심은 나의 진짜 즐거움을 빼앗아 가고, 오랜 시간 불안과 후회만을 남겼다. 너만큼은 부디 나의 실수를 반복하지 않기를 바라는 마음이다.

즐거움은 누가 정해주는 것이 아니라 너 스스로 선택해야 한다. 순간의 쾌락과 그 뒤에 따를 결과를 함께 저울질해 보거라. 진짜 즐거움은 건강을 해치지 않고 품위를 무너뜨리지 않으며, 삶을 훼손하지도 않는다.

절제하며 즐기는 술과 가벼운 놀이, 독서와 지적인 사람들과의 교류 그리고 건전한 사고가 바로 진짜 즐거움이며, 삶의 품격을 아는 사람들이 자연스럽게 누리는 기쁨이다. 방탕함은 사람을 즐겁게 하지 않는다. 오히려 좋은 사람들로부터 너를 멀어지게 할 뿐이다.

오래 이어지는 즐거움은 감각에서 오지 않는다. 그것은 덕과 선행 그리고 배움에서 비롯된다. 나는 네가 그런 즐거움을 평생 잃지 않기를 진심으로 바라고 있다. 신의 축복이 늘 너와 함께하길 바라며, 부디 잘 지내거라.

너의 아버지로부터

체스터필드의 가르침

체스터필드는 즐거움을 부정하지 않는다. 오히려 어떤 즐거움을 선택하느냐가 인생을 결정한다고 말한다.

배움의 깊이는 집중력에서 나오고 집중력은 태도에서 비롯되며, 그 태도는 즐거움을 대하는 방식에서 결정된다. 즐거움을 통제하지 못하면 시간과 정신, 체력이 소모되어 깊이 있는 배움은 불가능하다.

반대로 자신이 원하는 즐거움을 확실하게 정의하고 절제할 줄 아

는 사람은, 삶의 리듬과 배움을 주도적으로 설계하게 된다. 방탕

한 즐거움은 배움을 무너뜨리고, 타인의 기준에 기대어 즐기는 삶

은 사람을 공허하게 만든다고 경고한다. 지금의 만족보다 뒤에 따

라올 결과를 먼저 계산할 때 비로소 지혜가 생기는 법이다.

방탕한 즐거움은 순간의 쾌락만 남기지만, 덕과 선행 그리고 배움

에서 비롯된 기쁨은 오래 유지되며 삶의 폭을 넓혀준다.

이 편지의 핵심 메시지는, 즐거움을 대하는 태도가 곧 인생의 방

향을 결정한다는 것이다. 즐거움을 현명하게 다루는 사람만이 자

신의 삶을 스스로 설계할 수 있다.

화려한 겉모습보다
내면이 단단한 사람이 되어라

1747년 4월 3일

사랑하는 아들아,

요즘 네가 붉은 금실 장식이 달린 코트와 화려한 조끼를 입고 다닌다는 소식을 들었다. 겉모습이 근사하다는 말은 반갑지만, 그보다 그 옷을 입고 있는 너의 내면이 어떨지가 더 궁금하구나.

겉표지가 아무리 화려한 책이라도, 내용이 빈약하면 더 큰 실망을 안겨주기 마련이다. 나는 네가 외형뿐 아니라 일관된 태도와 단단한 사고력, 기품 있는 내면을 갖춘 사람으로 인식되길 바란다. 하트 선생이 아무리 너를 가르치고 다듬어주더라도, 너 스스로 노력하지 않는다면 그 과정은 끝내 완성될 수가 없다.

지중해의 소식과 전황을 전해준 것은 기특했다. 국정에 가까운 사람일수록 정확한 정보를 갖춰야 한다는 너의 판단도 옳다. 이탈리아의 전쟁 상황을 자주 확인하며, 전쟁을 부분이 아닌 전체의 흐름으로 이해하고 있으리라 믿는다.

그리고 네가 묘사한 염전의 풍경 역시 만족스러웠다. 다만 아무리 스위스의 소금이 훌륭하다고 해도, 나는 여전히 그리스 아티카의 소금이 지닌 섬세한 맛, 즉 아테네 사람들의 재치와 세련된 기지에 미치지 못한다고 생각한다. 그것은 로마의 세련된 도시 문화에서도 본받고자 했을 만큼 인상적이다.

너도 이런 지적인 세련됨이 자연스럽게 드러나는 사람이 되어야 한다. 그래야만 사람들 마음에 오래도록 좋은 인상을 남길 수 있다. 하트 선생과 엘리엇 씨에게도 안부를 전해주어라. 신의 축복이 늘 너와 함께하길 바라며, 부디 잘 지내거라.

너의 아버지로부터

체스터필드의 기르침

체스터필드는 겉과 속이 일치하지 않는 사람의 위험성을 경고한다. 사람들은 화려한 옷차림이나 세련된 이미지에 잠시 마음을 빼앗기지만, 결국 사람을 판단하는 기준은 일관된 성품과 깊이 있는 사고력, 지적인 기품과 같은 '내면'에 있다는 것이다. 겉모습이 문을 열어줄 수는 있지만, 그 안에 오래 머물게 하는 힘은 언제나 내면에서 비롯되기 때문이다.

따라서 중요한 건 옷이 아니라, 그 옷을 입은 사람의 '본질'이다. 겉표지가 아무리 화려한 책이라도 내용이 빈약하면 큰 실망을 주듯, 사람 또한 외면이 아무리 뛰어나도 속이 비어 있으면 머지않아 실체가 드러나기 마련이다.

그는 아테네인의 재치와 세련됨을 가리키는 '아티카의 소금'(Attic salt)을 예로 들며, 단순히 지식을 많이 아는 것보다 그것을 우아하게 표현하고 상황에 맞게 활용할 줄 아는 능력이 훨씬 큰 경쟁력이라고 강조한다. 이는 단순한 유머가 아니라, 말의 질감과 표현의 품격을 통해 신뢰와 호감을 빚어내는 지적인 세련됨을 뜻한다. 더 나아가 로마의 도시적 교양과 태도를 언급하며 관찰력과 통찰력, 표현력이 고르게 갖춰진 사람만이 사회에서 오래도록 신뢰받는다고 조언한다.

이 편지의 핵심 메시지는, 겉을 꾸미는 데 힘쓰기 전에 먼저 '내면'을 단단히 채우라는 것이다. 겉면은 순간을 장식하지만, 내면은 사람의 평판과 운명을 결정한다.

글은 보이지 않는
또 다른 나다

1747년 7월 20일

사랑하는 아들아,

이 편지에 동봉한 네 어머니의 편지에는, 네가 보내준 상처 치료용 약용수를 고맙게 받았다는 네 고모의 글이 들어 있다. 고모가 네게 보내는 편지를 직접 보여주지는 않았지만, 그 안에는 네게 전하는 따뜻한 조언과 진심 어린 축복이 담겨 있다고 하더구나.

고모가 네 답장을 주변 사람들에게 보여줄 가능성도 있

으니, 내가 적절하다고 생각하는 답장의 초안을 함께 보내니 참고하길 바란다. 여성에게 편지를 쓰는 일이 아직은 익숙하지 않을 테니, 나의 조언을 부담으로 여기지는 말아라. 네 생각이 자연스럽고 품위 있게 드러나도록 돕기 위한 것이다.

편지 쓰는 법에 관해 말하자면, 네가 본보기로 삼아야 할 훌륭한 모델들이 있다. 로마의 정치가 키케로의 편지는, 친구나 지인에게 보내는 편지의 가장 완벽한 모범이다. 그의 글은 친근하면서도 품위가 있고, 간결하면서 진솔하다.

아르노 도사 추기경의 편지는 업무용 편지가 지녀야 할 기준을 잘 보여준다. 꾸밈없이 명확하고 단정하며, 논지는 언제나 분명하다. 유쾌하고 재치 있는 편지를 보고 싶다면, 뷔시 라뷔탱과 세비녜 부인의 글만큼 훌륭한 본보기는 없을 것이다. 그들의 편지는 재치 있는 두 사람이 즉석에서 나누는 대화처럼 자연스럽다.

이 책들을 여행길의 벗으로 삼길 바란다. 읽는 즐거움을 주는 동시에 너의 글을 더 단단하게 만들어 줄 것이다. 오늘은 여기서 마무리한다. 신의 축복이 늘 너와 함께하길 바라며, 부디 잘 지내거라.

너의 아버지로부터

체스터필드의 기르침

체스터필드는 글쓰기를 단순한 기술이 아니라, 관계의 본질을 드러내는 척도로 보았다. 편지는 곧 사람의 마음이며, 문체에는 인격이 그대로 드러나기 때문이다. 글을 잘 쓴다는 것은 생각을 정확히 전달하는 것, 그 이상의 의미가 있다. 그것은 상대와 어떤 관계를 맺고 싶은지, 그 관계를 얼마나 존중하는지를 보여주는 태도다. 그래서 같은 내용이라도 문체에 따라 글의 품격은 완전히 달라지고, 글의 분위기만으로도 상대는 자신이 존중받고 있는지를 바로 느낄 수 있는 것이다.

그는 '모든 글은 상황과 목적에 따라 달라야 한다.'라는 원칙을 거듭 강조한다. 친근한 편지라면 자연스러움이 없어서는 안 되고,

업무적인 편지라면 군더더기 없이 명확해야 하며, 재치와 유머가 필요한 글이라면, 읽는 이가 기분 좋게 미소 지을 수 있어야 한다. 한 가지 문체로 모든 상황을 해결하려는 사람은, 결국 자신의 한계를 드러내게 된다. 글은 '언제, 누구에게, 어떤 목적을 위해 쓰이는가'라는 맥락에서 살아 움직이기 때문이다.

체스터필드는 좋은 글을 쓰는 현실적인 방법도 함께 조언한다. 글은 머릿속에서 저절로 좋아지는 것이 아니라, 훌륭한 모범을 꾸준히 읽고 따라 쓰는 연습을 통해 다듬어진다.

그는 편지의 모범이 되는 모델들을 언급하며 좋은 글쓰기는 좋은 참고서를 곁에 두는 데서 시작된다고 가르치고 있다. 지나친 기교는 오히려 거리를 만들지만, 자연스럽고 진정성 있는 문체가 인간관계를 깊게 만든다는 그의 통찰은 오늘날에도 여전히 유효하다.

이 편지의 핵심 메시지는, 글은 보이지 않는 또 다른 자신이며, 글을 대하는 태도가 곧 사람을 대하는 태도라는 것이다. 품격 있는 글쓰기는 지식이 아니라, 사람의 마음과 관계를 이해하는 능력에서 나온다.

사소한 1분이
하루를 결정한다

1747년 11월 6일

사랑하는 아들아,

나는 늘 그렇듯 이번 편지에서도, 네가 자신을 잃지 않도록 도와주는 플래퍼 역할을 할 것이다.

스위프트는 『걸리버 여행기』에서 라퓨타 섬의 철학자들을 묘사하며, 그들이 지나친 사색에 빠진 나머지 삶에 필요한 기본적인 일조차 잊어버린다고 했다. 그래서 그들 곁에는 늘 정신을 깨워 주는 사람이 필요했다. 나는 네가 그런 철학자들처럼 생각에만 잠겨 있을 거라고 여기지 않는다. 다만 솔직히 말하자면, 깊이 사색할 때보다는 오히려 마음이 가벼워지고 흐트러질 때, 아무 생각 없이 시간을 흘려보낼 때 자신을 더 강하게 깨워야 하지 않을까?

혹시 네가 난로 앞에 앉아 멍하니 시간을 보내거나, 창밖만 바라보며 아무것도 하지 않을 때 이 편지가 도착한다면, 시간을 함부로 흘려보내지 말라는 신호가 되기를 바란다.

내가 알던 어느 구두쇠는 늘 이렇게 말했다.

"페니를 잘 관리해라. 그러면 파운드는 저절로 관리된다."

인색하게 들리지만, 동시에 아주 정확한 말이다. 나는 이 말을 이렇게 바꾸고 싶다.

"1분을 아껴라. 그러면 1시간은 저절로 관리된다."

사람들이 하루에 두세 시간을 잃는 이유가, 큰 시간을 한꺼번에 낭비해서가 아니다. 아주 짧은 몇 분을 대수롭지 않게 흘려보내기 때문이다. 어떤 시간도 함부로 흘려보내서는 안 된다. 몇 분의 여유만 있어도 책을 읽을 수 있고 주변을 정리할 수 있으며, 생각을 가다듬을 수도 있다. 시간은 절대

   PART Ⅲ 생각의 망원경 배움으로 세상을 바라보다

기다려주지 않으며, 현명하게 다루는 사람에게만 남는다.

　네가 독일에 머무는 동안 하는 공부도 그곳과 자연스럽게 이어지도록 하거라. 제국이 어떻게 이뤄져 있는지와 함께 각 선제후의 세력과 지역의 통치자, 주요 가문의 계보까지 익혀두면 좋겠구나. 독일에서는 이런 정보가 사람 사이의 대화를 여는 열쇠가 될 것이다. 이만 줄이겠다. 신의 축복이 늘 너와 함께하길 바라며, 부디 잘 지내거라.

너의 아버지로부터

체스터필드의 가르침

체스터필드는 시간을 잃는 주된 원인이, 대단한 사건 때문이 아니라 무심코 흘려보내는 짧은 순간에 있다고 지적한다. 사람들은 몇 시간을 어떻게 쓸지 계획하며 생산성을 높이려 하지만, 실제로 계획을 무너뜨리는 것은 아무것도 하지 않은 짧은 순간의 반복이다.

그래서 그는 동전을 잘 챙기라는 말에 빗대어, 짧은 시간을 잘 관리하라고 조언한다. 시간 관리의 핵심은 긴 시간을 통제하는 데 있지 않고, 작고 사소한 순간을 붙잡는 데 있다는 뜻이다. 이 원리는 오늘날의 생산성 사고와도 정확히 맞닿아 있다. 하루를 바꾸는 힘은 대단한 목표가 아니라, 작은 행동과 자투리 시간 그리고 반복되는 습관에서 나온다.

그가 언급한 스위프트의 '플래퍼'를 현대적으로 해석하면, 자신을 깨우는 하나의 환기 장치에 가깝다. 인간은 누구나 쉽게 산만해지고 느슨해지기에, 의식적으로라도 자신을 깨우는 장치가 필요하다는 그의 통찰은 시대를 초월한다. 게으름은 큰 시간에서 비롯되는 것이 아니라, 사소한 순간에 조용히 스며든다는 사실을 일깨워주고 있다.

체스터필드는 학습에서도 맥락의 중요성을 강조한다. 독일에 머무는 동안 독일의 통치 역사와 도시, 가문 체계를 중심으로 공부하라는 조언은, 단편적인 지식을 쌓기보다 자신이 놓인 환경의 구조 전체를 이해하라는 뜻이다. 지금 자신이 있는 장소와 지식을 연결할 때 시선은 깊어지고 배움은 더 단단해지는 것이다.

이 편지의 핵심 메시지는, 순간을 소중히 여기는 사람이 하루를

지배하고, 그런 사람이 결국 인생을 지배한다는 것이다. 작은 순

간조차 소중히 여기는 태도가 의미 있는 삶을 만든다.

애정은
노력에 비례한다

1747년 12월 18일

사랑하는 아들아,

요즘 네 소식이 뜸해, 너에 대한 걱정과 기대를 안고 펜을 들었다. 어떤 주제로 편지를 쓰고 나면 보내자마자 또 다른 할 말이 떠오르기도 하는구나. 나의 조언이 네게 얼마나 도움이 되었는지는 오직 시간이 말해 줄 것이다. 그러나 한 가지만은 분명하다. 이 모든 말은 너를 향한 깊은 애정에서 나왔다는 사실이다.

그리고 또 하나 분명히 하고 싶은 것이 있다. 그것은 너를 향한 나의 사랑이 무조건적 사랑은 아니라는 것이다. 이는 흔히 말하는 본능적인 부성애와는 아주 다른 것이다. 나는 네가 오래 사는 것보다, 살아갈 자격을 갖춘 사람이 되기를 바란다. 그 자격이란 인격과 능력, 행동으로 증명하는 인간의 진짜 가치를 뜻한다.

그래서 내가 너에게 갖는 애정은, 너의 인격과 노력에 비례할 것이다. 지금까지 나는 너의 심성과 이성에서 치명적인 결함을 발견하지는 못했다. 바로 그 점이 내가 너를 여전히 사랑하는 이유다. 그러나 이런 나의 사랑이 고정된 것은 아니다. 네가 얼마나 성장하고 자신을 단련하느냐에 따라 더 커질 수도 있고, 줄어들 수도 있다.

지식과 덕도 마찬가지다. 덕을 아는 사람은 자연스레 그것을 사랑하게 되고, 지식을 가진 사람은 더 깊은 배움을 갈망하게 된다. 그런데 '이 정도면 충분하다'라고 말하는 사람은 늘 부족함에 머무는 사람이다. 사람이 아무리 지식을 쌓아도, 결국에는 늘 부족한 상태로 살아갈 수밖에 없기 때문이다.

혹여 우리 사이에 갈등이 생겼을 때, 내가 아버지라서 너를 무조건 용서해 줄 거라는 기대는 하지 말아라. 나는 사소한 일로 다투지는 않지만, 한 번 원칙을 어긴 문제에는 절대 관대하지 않을 것이다. 다만 네가 이미 덕의 근본 원리를 알고 있으니, 나의 경고가 필요 없는 사람이길 바랄 뿐이다.

지금까지 내가 해온 조언을 가끔 되돌아보고 마음에 새겨두어라. 그로부터 얻는 모든 이익은 결국 네 것이 될 것이다. 신의 축복이 늘 너와 함께하길 바라며, 부디 잘 지내거라.

너의 아버지로부터

체스터필드의 가르침

체스터필드는 자신의 사랑을 본능적인 감정이 아니라, 분명한 기준 위에 세워진 엄격한 관계로 이해하길 바란다. 그는 부모의 사랑을 조건 없이 주는 것으로 보지 않고, 인간이 드러내는 품성과 의지 그리고 자기 단련의 정도에 따라 달라지는 합리적 애정으로 설명한다. 혈연은 출발점일 뿐이며, 관계의 완성은 각자가 선택한 태도와 행동에 달려 있다는 것이다.

그가 아들에게 요구하는 기준은 뛰어난 재능이 아니다. 정직과 명예, 품위처럼 사람됨을 증명하는 덕과 태도다. 체스터필드는 애정을 보상처럼 남용하지 않는다. 대신 '너는 지금보다 더 나은 사람이 될 수 있다.'라는 믿음을 심어 주고, 그것이 자신을 단련하는 원동력이 되게 한다. 조건이 없는 용서는 사람을 성장시키기보다 현실에 안주하게 만들며, 성숙한 관계에는 분명한 기준과 책임이 따라야 한다고 확신한다.

배움에 대해서도 그가 요구하는 태도는 같다. 무지는 모른다는 데서 시작되는 것이 아니라, 이미 충분히 안다고 믿는 오만으로부터 시작된다고 조언한다. 진정한 지성인은 언제나 자신의 부족함을 자각하기 때문에 배움을 멈추지 않는다. 그래서 그의 조언은 즉각적인 위로가 아니라, 시간이 흐르며 되새길수록 힘을 발휘하는 장기적인 자산이 된다.

이 편지의 핵심 메시지는, 사람의 가치는 타고나는 것이 아니라 스스로 선택한 태도와 행동이 만든다는 것이다. 사랑은 감정의 문제가 아니라, 그 사람이 보여주는 태도와 책임감에 대한 응답인 것이다.

조언과 잔소리는
한 끗 차이다

1748년 1월 29일

사랑하는 아들아,

하트 선생의 편지에 따르면, 내가 보낸 편지들이 추위 때문에 라이프치히에 제때 닿지 못했다고 하는구나. 이제 날이 풀리고 있으니, 밀린 편지들이 한꺼번에 도착할 것이다. 동시에 여러 편지를 받으면, 각 편지의 내용이 뒤섞여 의미를 제대로 받아들이기 어려울지도 모르겠다. 그러나 그것은 네가 나의 글을 진심 어린 조언으로 읽느냐, 아니면 잔소리하는 아버지의 설교 정도로 흘려듣느냐에 따라 전혀 달라질 것이다.

　조언은 대체로 어디서도 환영받지 못한다. 조언이 가장 필요한 사람일수록, 그것을 받아들이는 것을 가장 꺼리기도 한다. 하지만 네가 아직 경험이 부족하다는 사실을 스스로 인정하고, 현명한 판단력을 지키려 한다면 나의 조언들은 분명 네게 큰 도움이 될 것이다.

　네가 라이프치히에서 여가를 어떻게 보내는지도 궁금하다. 나는 네 나이에는 여가가 많지 않기를 바라지만, 주어진 시간만큼은 허투루 흘려보내지 않기를 바란다. 공연이든 볼거리든 가리지 말고 되도록 많이 보아라. 많이 본 사람만이 어느 한쪽으로 쉽게 현혹되지 않는 법이다.

　짧게 읽을 책이 필요하다면, 내가 추천하는 두 권의 프랑스 책을 읽어보길 바란다.

　하나는 페르 부우르의 『지적인 글에서 제대로 생각하는 법』으로, 네 취향과 판단을 가다듬는 데 도움이 될 것이다. 다른 하나는 아베 드 벨가르드의 『대화에서 사람들의 호감을 얻는 법』으로, 사람들과 어울리는 감각을 기르는 데 유익할 것이다.

　물론 '호감을 얻는 법'을 공식처럼 배울 수는 없다고 생각한다. 나의 경험으로 보면, 필요한 것은 세련된 감각과 너그러운 성품이다. 여기에 너의 관찰력과 주변 사람들이 건네는 좋은 조언이 더해질 때, 비로소 균형 잡힌 사람이 될 것이다.

　네가 그런 사람이 되는 한, 나는 언제나 너를 사랑할 것이다. 신의 축복이 늘 너와 함께하길 바라며, 부디 잘 지내거라.

너의 아버지로부터

체스터필드의 기르침

체스터필드는 조언을 어떻게 받아들이느냐가 사람의 성장을 좌우한다고 말한다. 그는 조언이 본래 불편한 것임을 인정하면서도,

경험이 부족한 사람일수록 그 불편함을 가장 필요로 한다는 것을 강조한다. 조언에 귀 기울이는 태도는 단순한 겸손이 아니라, 시행착오를 줄이고 미래로 나아가는 속도를 높이는 실질적인 능력이다.

그리고 그는 경험의 폭이 판단력을 만든다고 보았다. 공연과 강연 그리고 모임을 두루 접하는 일은, 단순한 여가가 아니라 사고를 단련하는 훈련이다. 많이 보고 겪은 사람은 사소한 자극에 쉽게 흔들리지 않고, 과한 감탄이나 성급한 확신에 휘둘리지 않는다. 이러한 경험이 쌓여 생각의 균형을 만들고, 중요한 선택의 순간에 실수를 줄여주는 것이다.

체스터필드는 취향과 사고력 역시 타고나는 것이 아니라, 길러지는 것이라고 가르친다. 올바르게 생각하는 법을 익히면 세상을 더 정교하게 이해하게 되고, 사람을 편안하게 만드는 대화의 기술은 사회적 신뢰와 기회를 여는 중요한 교양이 된다. 자연스러운 태도와 배려가 관계를 지속시키는 실질적인 힘이다.

마지막으로 그는 사랑과 기대의 기준을 분명히 한다. 무조건 감싸주는 것을 사랑이라 여기지 않고, 사랑은 그에 걸맞은 사람이 되었을 때 주어지는 보답이라고 본다. 그의 기대는 억압이 아니라 가능성에 대한 신뢰이며, 그 가능성은 자신을 단련하려는 태도에서 비롯된다고 믿는다.

이 편지의 핵심 메시지는, 사람의 미래는 단순히 타고난 재능으로 정해지지 않는다는 것이다. 미래를 만드는 힘은 조언을 받아들이는 태도와 그것을 삶에서 실천하는 데서 나온다.

지성은 배움으로 시작되고
품위로 완성된다

1748년 2월 13일

사랑하는 아들아,

네가 라이프치히에서의 시간을 어떻게 보내고 있는지에 대한 최근의 설명을 읽고 무척 기뻤다. 지금과 같은 태도를 앞으로 2년만 더 유지한다면, 너는 분명 또래 중에서 누구보다 앞서게 될 것이다.

독일어 감각을 유지하기 위해서 독일어만 사용하는 집사를 두겠다는 생각도 참으로 현명하다.

　최근 플레밍 부부를 만났는데, 그들이 너의 예절과 태도에 대해 아주 좋은 말을 전해주었다. 사실 내가 가장 염려하던 부분이었는데, 그들의 이야기를 듣고 한결 마음이 놓였다. 플레밍 부인은 네가 매우 편안해 보였고, 부끄러워하거나 위축된 기색이 전혀 없었다고 했다. 네 또래의 영국 청년에게는 이것만으로도 상당한 장점이다.

　나는 내일부터 한 달 동안 바스로 떠난다. 건강을 돌보기 위해서이기도 하고, 직무에서 물러난 뒤 얻은 자유를 차분히 보내기 위해서다. 그곳에서 다시 소식을 전하겠다. 이제 이만 잠자리에 들어야겠다. 신의 축복이 늘 너와 함께하길 바라며, 부디 잘 지내거라.

너의 아버지로부터

체스터필드의 가르침

체스터필드는 지성을 단순히 똑똑함이나 지식의 축적으로만 보지 않았다. 그것은 생활 속 태도에서 비로소 완성된다. 시간을 사용하는 방식과 배운 언어를 유지하려는 습관, 사소한 상황에서도 자연스럽게 품위를 지키는 자세와 같은 일상의 선택들이 한 사람의 지적 수준을 결정한다고 가르친다. 그는 지금의 생활 방식이 훗날 삶의 수준을 결정하며, 지속 그 자체가 경쟁력임을 일깨우고 있다.

독일어 감각을 유지하기 위해 독일어만 사용하는 집사를 두겠다고 한 아들의 선택을 칭찬한 것도 같은 맥락이다. 지식은 혼자만의 의지로는 오래 유지되지 않으며, 환경이 뒷받침될 때 비로소 살아 움직인다. 스스로 학습 환경을 설계할 줄 아는 능력은, 지성을 실제로 발휘하게 하는 중요한 동력이다.

플레밍 부부가 전한 '위축되지 않는 자연스러움' 역시 체스터필드가 중요하게 보는 지성의 징표다. 지성은 머릿속에만 머무르지 않고 태도와 말투, 몸짓에서 자연스럽게 드러난다. 예의와 품위는 타고나는 재능이 아니라 반복된 연습의 결과이며, 그 자체로 성숙한 지성의 표현인 것이다.

이 편지의 핵심 메시지는, 지성은 배움에서 출발하고 태도와 품위로 완성된다는 것이다. 진정한 지성은, 머릿속 지식이 아니라 일상의 태도와 행동에서 드러난다.

전달하는 방식이
내용보다 중요하다

1751년 2월 11일

사랑하는 아들아,

내가 연극을 자주 보라고 했던 말을 기억하고 있을 것이다. 연극만큼 교육적인 오락도 드물기 때문이다. 같은 희곡이라도 어떻게 말하고 연기하느냐에 따라 감동을 줄 수도 있고, 반대로 조롱과 지루함을 줄 수 있다는 것도 이미 알고 있을 것이다.

아무리 내용이 좋은 작품이라도 관객에게 전달되는 방

식이 만족스럽지 않다면, 원작자의 탁월함보다 전달자의 무능만 드러날 뿐이다. 이 비유를 네게도 적용해 보길 바란다. 사람을 즐겁게 하거나 설득하고 싶다면 내용뿐 아니라 표정과 태도, 몸짓과 발성 그리고 억양과 리듬이 모두 중요하다. 사람은 단순한 정보보다 즐거움과 기분 좋은 경험에 먼저 반응하며, 정보는 때로 우리의 무지를 드러내 불편하게 느껴지므로 매력 없는 방식으로 전달하면 쉽게 거부당할 수 있다.

영국에서 큰 인물이 되고자 한다면, 의회에서 뛰어난 연설가가 되어야 한다. 그곳에서의 승패는 내용보다 표현에 달려 있다. 피트와 머레이가 연설가로서 높은 평가를 받는 이유도 사고의 깊이 때문만이 아니라, 말투와 몸짓 그리고 운율과 단어 선택에서 드러나는 품격과 세련됨 때문이다.

대화도 마찬가지다. 재미없는 내용이라도 우아하게 말하면 사람의 마음을 얻을 수 있지만, 중요한 이야기라도 전달하는 방식이 서투르다면 지루함만 남길 뿐이다. 말하기와 표현의 우아함은 특별한 자리에서만 길러지는 것이 아니라, 매일의 대화 속에서 꾸준히 다듬어야 한다. 집사에게 말할 때조차 가장 좋은 단어를 골라 쓰는 습관을 들이거라.

프랑스 사람들은 대화와 편지에서 정확성과 우아함, 세련된 문체를 무엇보다 중시한다. 그들의 표현을 유심히 관찰하고, 프랑스어 문체를 본받도록 해라. 하나의 언어에서 터득한 우아함은, 다른 언어로도 자연스럽게 옮겨지는 법이다.

의회 의원이 되려는 한 젊은이가 거울 앞에서 표정과 몸짓을 연습하다 사람들에게 들킨 적이 있다. 사람들은 그를 비웃었지만, 나는 그 젊은이가 누구보다 현명하다고 생각했다.

마지막으로 품격은 같은 행동이라도 우아함으로 남느냐, 아니면 천박함으로 남느냐를 가르는 결정적인 차이다. 숙녀가 떨어뜨린 부채를 주워주는 사소한 행동도 어떤 이에게는 매력이 되기도 하고, 어떤 이에게는 웃음거리가 될 수도 있다.

그러니 반복해서 말하는 거란다. 지금 네가 가장 집중해야 할 것은 태도와 스타일, 우아함과 말하기의 품격이다. 이 능력은 지금이 아니면 얻기 어렵다. 그것을 얻기 위해서

     PART III 생각의 망원경 배움으로 세상을 바라보디

네가 노력한다면, 다른 것들은 잠시 미뤄도 괜찮다. 신의

축복이 늘 너와 함께하길 바라며, 부디 잘 지내거라.

너의 아버지로부터

체스터필드의 기르침

체스터필드는 사람의 영향력과 사회적 성공을 결정하는 것은, '내

용' 그 자체가 아니라 '전달하는 방식'이라고 말한다. 사람은 논리

보다 감정에 먼저 반응하며, 정보보다는 그것을 전하는 방식에서

호감과 신뢰를 느낀다. 같은 말이라도 말투가 부드럽다면 설득되

지만, 거칠다면 오히려 반감을 살 수도 있다.

그는 '내용만 옳으면 충분하다'라는 사고방식으로는 세상에서 성

공하기 어렵다는 사실을 일깨우고 있다. 다시 말해, 전달하는 태

도가 논리보다 더 강력한 무기라는 것이다.

그리고 그는 우아함을 사치가 아니라 확실한 경쟁력으로 보고 있

다. 공적인 자리에서는 말의 내용보다 말투와 억양, 호흡과 리듬 그리고 몸짓과 같은 형식적 요소가 먼저 사람들의 눈길을 이끈다. 뛰어난 연설가도 연설 내용의 화려함 때문이 아니라, 우아한 리듬과 절제된 단어 선택으로 청중의 감정을 움직였기 때문이다.

일상의 대화도 마찬가지다. 중요한 말도 서툰 방식으로 전하면 지루함이 남고, 사소한 말도 우아하게 전하면 사람의 마음을 얻을 수 있는 것이다. 이런 능력은 타고난 재능이 아니라, 꾸준한 훈련의 결과이다. 집사에게 말할 때조차 가장 좋은 단어를 고르는 습관과 프랑스식의 정확하고 정제된 문체를 관찰하고 모방하는 태도, 거울 앞에서 표정과 몸짓을 연습하는 꾸준함이 모여 품격을 만드는 것이다. 사소한 행동에 스며든 우아함이 차곡차곡 쌓여, 마침내 한 사람의 인상이 완성된다.

이 편지의 핵심 메시지는, 말하는 방식에서 그 사람의 품격이 드러난다는 것이다. 품격은 타고나는 것이 아니라, 꾸준한 태도와 연습에서 길러진다.

PART IV
품격의 등대

인생의
목적지를
비춰주다

체스터필드가 아들에게 남긴 조언 중에서 가장 본질적이고 시간이 지나도 가슴에 남는 주제는 단연 '품격'이다.

그에게 품격은 사회에서 돋보이기 위한 장식이 아니라, 시간이 흘러도 방향을 잃지 않게 해주는 내면의 단단함이다. 재능이나 지식은 상황에 따라 빛이 바래기도 하지만, 태도와 판단력 그리고 성숙함은 사람을 끝까지 지켜준다고 보았다.

PART IV에 담긴 편지들은 '인간의 품격'이 어떻게 만들어지는지를 보여준다.

타인을 대하고 관계를 맺는 방식에서부터 자신을 다스리고 세상을 판단하는 기준까지 체스터필드는, 품격을 삶

     PART IV 품격의 등대 인생의 목적지를 비춰주다

전체에 스머드는 핵심으로 다룬다. 그리고 품격 있는 사람은 지식이 아니라 태도와 선택으로 증명된다는 점을 분명히 한다.

그는 먼저 사람을 대하는 태도에서 품격이 시작된다고 말한다.

부드러운 말투와 타인과 자신을 함부로 비교하지 않는 태도, 사소해 보이지만 상대를 배려하는 행동들이 쌓여 신뢰라는 단단한 자산을 만든다고 가르친다.

그리고 명예와 절제의 중요성을 강조한다.

명예는 타인의 평가로 얻는 것이 아니라 자신이 지켜내는 내적 기준이며, 절제는 그 기준을 지탱해 주는 힘이다. 그는 한순간의 경솔함이 오랜 시간 쌓아온 신뢰를 단번에 무너뜨릴 수 있음을 거듭 경고한다. 그리고 평판이야말로 다루기 가장 어렵지만, 동시에 가장 중요한 자산임을 일깨워 준다.

PART IV의 또 다른 핵심은 자기 자신과의 싸움이다.

성숙함은 약점을 숨기는 태도가 아니라 그것을 정확히 인식하고 다스리는 데서 비롯된다. 그럴 때 비로소 타인을 존중할 수 있고, 어떤 상황에서도 품위를 잃지 않게 되는 것이다. 체스터필드에게 성숙함은 자신을 이기는 능력이다.

그는 마지막으로 세상을 바라보는 시선과 태도의 중요성을 짚는다.

사람의 깊이는 경험의 양이 아니라, 경험을 해석하는 시선에서 결정된다. 넓게 보고 깊이 생각하며 사소한 일에서도 구조와 의미를 읽어내는 사람은, 시간이 흐를수록 내면이 더욱 단단해진다.

PART IV는 분명하게 드러낸다.

품격은 타고나는 자질이 아니라, 매일의 태도와 선택이 쌓여 빚어내는 내면의 힘이다. 그것은 인생이라는 항해의 끝에서 마침내 목적지를 비춰주는 등대가 된다. 품격을 시닌 사람은 어디에 있든 흔들리지 않고, 타인의 기준이 아닌 자신의 기준으로 오랫동안 존중받는 삶을 살아갈 수 있는 것이다.

품격은 타인을 빛나게 할 때
비로소 완성된다

1748년 9월 5일

사랑하는 아들아,

네가 독일어를 빠르게 익히고 있다니 매우 기쁘구나. 어떤 언어든 완전히 자기 것으로 만들지 못하면 그 언어로 말하거나 글을 쓸 때 돋보일 수가 없다. 표현에 필요한 단어와 구문을 정확히 알지 못하면, 생각은 엉키고 말과 글은 산만해 보이기 마련이다. 그러니 배운 언어는 반드시 자주 사용하면서 익혀야 한다.

정확한 호칭과 형식을 익히는 일 또한 사소해 보일지 모르지만, 사회에서는 매우 중요한 요소다. 네가 새로운 사회에 들어가면, 많은 사람과 관계를 맺을 것이다. 사람들 속에서 편안하고 즐겁게 지낸다는 것은, 네가 곧 그들에게 함께 있고 싶은 사람이 되었다는 뜻일 것이다. 지성과 지식은 기본 소양이지만 그것만으로는 충분하지가 않다. 예절과 섬세한 배려가 더해질 때, 비로소 너의 지성과 지식은 환영받을 것이다.

좋은 사람들과 자주 어울린다고 해서 저절로 세련되어지는 것은 아니다. 주의 깊게 관찰하고 배우려는 의지가 없다면 아무리 훌륭한 사람들 곁에 있다고 해도 거칠고 불쾌한 사람으로 남을 수 있다. 사람들의 말투와 태도, 행동 방식을 살피고 나아가 그들의 성향과 감정 그리고 드러나는 약점까지도 이해하려고 애쓰거라.

인간은 모두 같은 요소를 지니고 있지만, 그 조합은 제각각이기 때문에 사람을 대하는 방식 또한 같을 수는 없다. 이성이 모든 것을 지배해야 마땅하지만, 현실은 그렇지 않다. 사람을 움직이려면 이성뿐 아니라, 그들의 욕망과 감정

　　PART IV 품격의 등대　인생의 목적지를 비춰주다

도 함께 고려해야 한다.

그래서 나는 네게 라 로슈푸코의 『잠언과 성찰』과 라 브뤼예르의 『성격론』을 권한다. 이 책들은 사람의 성격을 이해하는데 유용한 참고가 될 것이다. 그러나 세상의 진짜 길은 책이 아니라, 네가 직접 보고 관찰하고 경험하는 과정에서 드러난다는 사실을 잊지 말아라.

인간의 행동이 자기애에서 비롯된다는 말은 비난받을 이유가 없다. 행동이 옳다면 그 동기를 두고 다툴 필요도 없으니 말이다. 나는 언제나 동기보다 행동을 더 중요하게 생각해 왔다.

다만 사람들을 웃기기 위해 타인의 약점을 들추거나, 모욕과 경멸을 섞은 재치를 부리지는 말아라. 그런 웃음은 잠깐의 즐거움과 함께 오래 남는 적을 만들 뿐이다. 사람들은 부당하게 대우받은 일보다, 수모를 겪은 일을 훨씬 더 오래 기억하는 법이다. 상대를 다치지 않게 하고 빛나게 할 때, 비로소 품격은 완성된다. 네게 재치가 있다면, 사람들에게 상처를 주지 않고 즐거움을 주는 데 사용하길 바란다.

이것이 세상을 오래 살아온 내가 네게 전하는 조언이다.

이 말을 마음에 새긴다면 분명 네 인생에 도움이 될 것이다.

신의 축복이 늘 너와 함께하길 바라며, 부디 잘 지내거라.

너의 아버지로부터

체스터필드의 가르침

체스터필드에게 품격은 화려한 지식이나 말솜씨보다, 먼저 사람

을 대하는 태도에서 드러나는 가치다. 새로운 환경에 들어섰을 때

가장 먼저 할 일은 자신을 과시하는 것이 아니라, 주변 사람을 세

심하게 관찰하는 일이다. 말투와 표정, 몸짓 그리고 사소해 보이

는 배려의 행동에 사람의 성향과 자존심이 숨어 있기 때문이다.

이런 미세한 신호를 읽어낼 수 있을 때, 비로소 사람의 마음이 보

이고 관계의 문도 열리는 것이다.

그리고 사람은 논리로 움직이기보다, 먼저 자신이 안전하다고 느

낄 때 마음의 문을 연다고 말한다. 그래서 설득은 논쟁에서 이기

는 일이 아니라, 상대가 스스로 옳다고 느끼고 싶어 하는 그 마음을 존중하는 것에서 시작한다. 감정을 다루는 능력과 자존심을 지켜주는 배려, '나를 공격하지 않는 사람'이라는 신뢰가 쌓일 때 관계는 자연스럽게 깊어진다.

체스터필드는 유머 역시 품격을 가늠하는 중요한 시험대라고 보았다. 타인을 희생시키는 재치는 순간적인 웃음을 살 수는 있지만, 그 순간에 웃는 사람들조차 마음속에서는 그를 경계하게 된다. 반대로 누구의 마음도 다치지 않게 하면서 분위기를 부드럽게 만드는 재치는, 관계를 오래 유지하게 하는 힘이 된다. 품격 있는 사람의 유머는 누군가를 낮추지 않고, 그 자리에 있는 사람들과 함께 빛나는 순간을 만든다.

그는 마지막으로 인간에 대한 이해는 책만으로 완성되지 않는다고 조언하며, 책은 길을 알려주는 지도일 뿐 직접 걸어보지 않으면 방향 감각은 생기지 않는다고 말한다. 사람을 이해하는 일도 마찬가지다. 사람들과 관계를 맺으며 부딪히고 실패하며 다시 시도하는 경험이 쌓일수록, 사람을 알아보는 눈은 한층 더 예리해진다. 그 과정에서 갈등을 다루는 방식은 점점 섬세해지고, 관계를 이어가는 기술은 자연스럽게 몸에 스며들게 되는 것이다.

이 편지의 핵심 메시지는, 세상에서 신뢰받는 사람은 가장 뛰어난 사람이 아니라 타인의 마음을 해치지 않으면서 서로를 빛나게 하는 사람이라는 것이다. 품격은 상대를 낮추지 않고, 자신의 빛을 더하는 사람의 힘이다.

과시는 잠깐 빛나고
절제는 오래 남는다

1748년 9월 13일

사랑하는 아들아,

내가 여러 번 추천했던 레츠 추기경의 『회고록』에 담긴 통찰 중에 특히 잊지 말아야 할 몇 가지를 다시 강조하고 싶구나.

첫 번째로 사람을 모으는 일은 결코 가벼운 행위가 아니다.

보포르 공작은 자신의 존재감을 과시하기 위해 사람들을 자주 불러 모았지만, 목적이 없는 모임은 곧 통제력을 잃었고 결국에는 자신을 해치는 결과로 돌아왔다. 레츠 추기경은 이를 이렇게 표현했다.

"보포르는 알지 못했다. 대중을 모으는 자가 곧 대중을 선동하는 자라는 것을."

사람은 혼자 있을 때보다 무리 속에 있을 때 훨씬 충동적이고 무모해지는 경향이 있다. 무리의 규모가 커질수록 지도자의 판단이 오히려 흐려질 수도 있다. 그래서 지도자는 진짜 필요한 순간이거나 모임의 분명한 목적이 있을 때만 사람을 모아야 한다.

두 번째로 사람들이 과거의 사건에는 감탄하지만, 같은 일이 눈앞에서 벌어질 때는 훨씬 덜 놀라는 경향이 있다. 이것은 아마 그런 일들에 점점 익숙해지기 때문일 것이다.

로마 황제 칼리굴라가 자신이 아끼던 말(馬)을 집정관으로 임명하겠다고 했을 때, 당시 로마인들이 오늘의 우리만큼이나 충격을 받지 않았던 이유도 여기에 있다는 생각이 든다. 그들은 이미 칼리굴라의 광기에 익숙해져 있었기 때문이 아닐까. 그러므로 올바른 판단을 하려면 습관과 편견에서 벗어나 다시 생각하는 훈련이 필요한 것이다.

     PART Ⅳ 품격의 등대 인생의 목적지를 비춰주다

세 번째로 비밀은 다루는 방식에 따라 많은 사람이 함께 지킬 수도 있다.

그러나 이해관계가 없는 사람에게 비밀을 털어놓는 순간, 그것은 더 이상 비밀이 아니다. 이는 곧 '나는 비밀을 지킬 줄 모르는 사람'이라고 스스로 떠벌리는 것과 같다. 사소한 비밀은 쉽게 퍼지지만 큰 비밀은 여러 이해관계가 얽혀 있기에 오히려 더 단단히 지켜질 수 있는 법이다. 이것이 내가 너에게 전하고 싶은 조언이다. 신의 축복이 늘 너와 함께하길 바라며, 부디 잘 지내거라.

너의 아버지로부터

체스터필드의 기르침

체스터필드는 리더십의 조건으로 힘을 드러내지 않는 능력을 꼽는다. 사람을 모으고 분위기를 띄우는 일이 겉보기에는 쉬워 보이

지만, 실제로는 집단의 감정 에너지를 다루는 일이라 쉽지가 않다. 목적 없이 사람을 모으는 지도자는 결국에는 자신이 촉발한 물결에 휩쓸려 무너지게 된다. 진짜 리더는 힘을 과시하지 않고, 그것을 행사할 때와 억제할 때를 아는 사람이다.

그리고 그는 인간의 사고가 익숙함 앞에서 얼마나 쉽게 무뎌지는지를 짚어낸다. 사람들은 과거의 기이한 사건에는 감탄하면서도, 지금 눈앞에서 벌어지는 비슷한 현상에는 별다른 감정을 느끼지 않는다. 체스터필드는 그 이유가 익숙함이 만든 착각이라는 것이다. 세상을 정확히 보려면 익숙함을 걷어내고, 이미 안다고 믿는 것들을 다시 점검해야 한다. 자기 판단을 끊임없이 의심하고 새롭게 다듬는 사람과, 굳어진 생각만 반복하는 사람의 차이는 결국 익숙함을 깨뜨릴 수 있느냐에 달려 있다.

비밀에 관해서도 그는 단호하다. 비밀을 아무에게나 말하는 것은 단순한 실수가 아니라, 스스로 신뢰를 허무는 행위다. 이해관계가 없는 타인에게 털어놓은 비밀은 이미 비밀이 아니며, 동시에 ‘나는 비밀을 지킬 줄 모르는 사람’이라는 선언과 다르지 않다. 신뢰는 능력보다 먼저 무너지고, 한 번 무너지면 다시 회복되기도 어렵다. 그래서 비밀 관리는 곧 평판 관리다.

마지막으로 체스터필드는 리더의 품격이 과시가 아닌 절제에서, 행동이 아닌 자기 통제에서, 말이 아닌 침묵에서 드러난다고 덧붙인다. 절제는 소극적인 태도가 아니라 힘을 다루는 고도의 기술이다. 그래서 인내할 줄 아는 사람이 오래 살아남을 수 있는 것이다. 이 편지의 핵심 메시지는, 과시는 불꽃처럼 잠시 빛나지만, 절제는 별처럼 오래 빛난다는 것이다. 진정한 리더십은 눈에 보이는 힘에서 나오는 것이 아니라, 보이지 않는 자기 통제와 절제에서 나온다.

타인의 틀이 아닌
자신의 길을 선택하라

1749년 2월 7일

사랑하는 아들아,

너도 이제는 스스로 성찰할 수 있는 나이가 되었구나. 나는 네가 진리와 올바른 지식을 얻기 위해 타인의 생각이 아닌, 오직 너의 이성으로 시고하고 판단하는 힘을 기르기를 바라고 있다. 말로는 쉬워 보이지만 실제로 그렇게 살아가는 사람은 드물다. 솔직히 고백하자면 나 역시 오랫동안 스스로 생각하고 판단하며 살지는 못했다.

젊은 시절의 나는, 책에서 읽은 말이나 주변 의견에 대해 옳고 그름도 따져보지 않고 그대로 받아들였다. 나는 진리를 찾기 위한 수고를 피하고, 익숙해서 편했던 잘못된 습관 안에 머무는 편을 택했다. 게으름과 산만함 그리고 남들의 생각에 맞설 용기가 없다는 부끄러움 때문에, 이성적인 판단 대신 편견에 기대어 살았다.

그러나 스스로 생각하기 시작하고, 있는 그대로의 사실을 인정할 수 있는 용기를 얻은 뒤로는 세상이 전혀 다르게 보이기 시작했다. 나는 권위와 관습이라는 색안경을 쓰고 세상을 바라보고 있었다는 것을 깨달았다. 물론 오래된 습관은 여전히 성찰의 결과인 척하며 나를 속이려고 한다. 이미 굳어버린 습관과 진정한 내 생각을 구별하는 일은 언제나 어렵다.

내가 처음 가졌던 편견 중 하나는 고전에 대한 맹목적인 믿음이었다. 나는 고대 그리스와 로마의 저자들은 완전하다고 생각했고, 현대의 작가들은 그에 비해 열등하다고 믿었다. 그러나 이제는 확신하고 있다. 자연은 변하지 않았고 인간의 본성도 변하지 않았다. 시대가 바꾼 것은 겉모습과 관습뿐이다. 과거 사람과 현대인 모두 장점과 결점이 있다. 과거만 옳다고 믿는 것은 허영이고, 현대만 옳다고 믿는 것은 무지다.

종교적 편견도 마찬가지였다. 한때 나는 특정 교파 밖에서는 아무리 정직한 사람이라도 구원받을 수 없다고 믿었다. 그러나 신념은 의지로 선택할 수 있는 것이 아니고, 사람마다 다르게 생각하는 것은 아주 자연스러운 일이다. 서로의 다른 판단이 모두 진실일 수 있다면, 그 누구도 함부로 비난받거나 비난해서는 안 된다. 관용은 감상적 태도가 아니라 이성이 도달한 필연적인 결론이다.

상류사회에서 통용되던 편견 역시 나를 속였다. 나는 세련돼 보이기 위해 이른바 '세련된 악덕'이 필요하다고 믿었다. 그러나 지금은 안다. 그것은 세련됨이 아니라 오점이며, 그런 방식으로 자신을 꾸미는 사람은 오히려 경멸의 대상이 되는 것이다.

그래서 나는 네게 이렇게 말하고 싶다.

늘 관찰하고 검토하며 네 판단이 어디에서 비롯되었는지를, 너의 이성을 사용해 끊임없이 점검하거라. 어떤 권위

PART IV 품격의 등대 인생의 목적지를 비춰주다

도 네 이성을 대신해 너의 생각과 행동을 지배하도록 허락하지는 말아라. 이성은 비록 완벽하지 않지만, 우리가 가진 안내자 중에 가장 신뢰할 만한 나침반이다.

책과 대화는 이성을 돕는 훌륭한 도구지만, 결코 이성을 대신할 수는 없다. 모든 생각은 반드시 이성으로 검증해야 한다. 하지만 많은 사람은 이 수고를 피하려고 한다. 스스로 생각하기보다는, 남이 정해놓은 판단을 그대로 따르는 게 쉽고 편하기 때문이다.

때로는 대중적 편견이 사회에 질서와 안정을 가져다주기도 한다. 하지만 교육받은 이들 사이의 편견은 민중의 미신보다 훨씬 더 해롭다. 그것은 진리를 탐구하려는 노력과 판단을 신중히 검토하려는 태도, 판단의 통찰이 모두 부족한 데서 비롯되기 때문이다. 너는 그런 편견에 맞서 이성의 힘으로 자신을 지켜야 한다.

나는 절대적인 권위를 옹호하지 않는다. 다만, 권위에 대한 맹목적인 비난 역시 항상 옳은 것은 아니라고 말하고 싶을 뿐이다. 이성은 어떤 제도에서도 작동하며, 능력이 꼭 자유라는 토양에서만 자라는 것은 아니다.

이 모든 말을 한마디로 요약하면 이것이다.

더 늦기 전에 이성을 발휘하길 바란다. 네 판단의 근거를 습관이나 권위, 유행이 아닌 너 자신에게서 찾아라. 신의 축복이 늘 너와 함께하길 바라며, 부디 잘 지내거라.

너의 아버지로부터

체스터필드의 기르침

체스터필드는 인간이 빠지기 쉬운 가장 치명적인 함정으로 '생각하지 않는 습관'을 지목한다. 사람은 스스로 판단하며 살아간다고 믿지만, 실제로는 집안의 가치관과 사회적 기준, 교육적 권위와 역사적 관습을 그대로 따르는 경우가 많다. 익숙한 믿음은 편안하지만, 새로운 판단에는 항상 고민과 노력이 필요하다. 그래서 많은 사람은 자기 생각보다 남을 따라가는 길을 선택한다. 체스터필드는 인간이 생각을 멈추는 순간, 타인이 설계한 틀에서 살게 되고 자신의 삶을 잃게 될 것이라고 단호하게 경고한다.

그리고 그는 편견이 사고를 마비시키는 방식도 날카롭게 짚어낸다. 오랫동안 들어온 말과 반복된 관습, 모두가 옳다고 말하는 주장들은 어느새, '의심할 수 없는 진리'의 가면을 쓰고 등장한다. 그런 익숙함은 진실을 드러내기보다 오히려 진실을 가리는 역할을 하는 것이다. 체스터필드는 자신의 고전 숭배와 종교적 독단을 해체했던 경험을 통해 권위가 생각을 대신할 때 위험해지고, 유행이 판단을 흐릴 수 있음을 깨닫는다.

그가 말하는 '스스로 생각한다.'라는 것은 단순한 반항이나 부정이 아니다. 그것은 끊임없이 의심하고 검토하며, 이미 내려진 결론조차 다시 심판대 위에 올려놓는 태도다. 이 과정은 번거롭고 고통스럽지만, 인간이 자신만의 시각과 목소리를 갖기 위해서는 반드시 감수해야 할 정신적 노동인 것이다. 이것을 기꺼이 감당해 낼 때 비로소 우리는 타인의 삶이 아닌, 자신의 삶을 선택하는 주체가 될 것이다.

마지막으로 체스터필드는 이성을, 인간이 가진 가장 신뢰할 만한 도구라고 강조한다. 비록 이성이 완벽하지는 않지만, 어떤 권위보다도 오류가 적고 혼란 속에서도 방향을 잃지 않게 이끄는 나침반과 같은 역할을 한다.

이 편지의 핵심 메시지는, 타인이 만들어 놓은 틀과 습관에서 벗어나 스스로 생각하는 힘을 기르는 일이 무엇보다 중요하다는 것이다. 그 힘을 발휘하는 순간 우리는 비로소 타인의 그림자가 아닌 진짜 자기 인생을 시작하게 된다.

PART IV 품격의 등대 인생의 목적지를 비춰주다

사소한 행동이
평판을 만든다

1749년 7월 20일

사랑하는 아들아,

지금쯤이면 베네치아에 도착했겠지. 폐가 아직 완전히 회복되지는 않았을 테니 음식과 온천, 생활 전반에서 특히 조심해라.

아인시들렌 백작과 라스카리스 백작 모두 너의 소식을 궁금해하고 있구나. 내가 전해준 라스카리스의 편지에는 반드시 답장하기를 바란다. 답장을 나에게 보내면 내가 직접 전달해 주겠다. 이런 기본적인 예의는 큰 수고 없이도 사람들에게 기쁨을 주지만, 반대로 소홀히 하면 그만큼 큰 실망을 안긴다는 점을 절대 잊지 말아라.

사람이 존경받거나 멸시받는 데는 장점과 결점이 작용하지만, 누군가를 좋아하거나 싫어하게 되는 감정은 대개 아주 사소한 태도에서 갈린다. 너도 어떤 사람은 편안하게 느끼고, 어떤 사람은 왜 불편하게 느끼는지를 곰곰이 생각해 보렴. 그 차이는 대부분 눈에 잘 띄지 않는 아주 작은 행동에서 비롯된다는 것을 알게 될 것이다. 기본적인 예의와 배려 그리고 품위야말로 관계를 지속하는 힘이다.

나는 네가 사랑받으며 성공하기를 바라기에 이런 말들이 잔소리처럼 들릴지라도 계속 전하려고 한다. 지혜로운 사람은 어디서나 환영받고, 물러나야 할 때도 정확히 알고 물러선다. 반면 어리석은 사람은 자신이 다른 사람들에게 부담이 된다는 사실도 알지 못한 채 그 자리를 지키고 있다.

건강이 나아졌다고 해서 방심하지 말고, 당분간은 폐에 좋은 음식을 꾸준히 챙겨 먹으렴. 아파서 놓친 시간은 너의 노력으로 만회해야 한다. 도시 구경과 사교도 물론 필요하지만, 나머지 시간만큼은 욕심을 갖고 공부에 몰두하거라.

베네치아에 도착하면 알바니 추기경께 가장 먼저 인사 드리고, 그다음에 니베르네 공작에게 추천서를 전해주어라. 아울러 베네치아의 역사도 미리 공부해 두기를 바란다.

아인시들렌 백작 일행이 너의 편지를 나에게 무사히 전해주었고, 그들이 너를 칭찬했다는 말을 듣고서 나는 매우 기뻤다. 지금처럼 앞으로도 줄곧 칭찬받을 만한 사람으로 남기를 바란다. 신의 축복이 늘 너와 함께하길 바라며, 부디 잘 지내거라.

너의 아버지로부터

체스터필드의 기르침

체스터필드는 평판이 대단한 사건의 결과물이 아니라 사소한 행동이 쌓여 만들어진다고 말한다. 사람에 대한 존경과 멸시는 큰

성취나 실패에서 비롯되지만, 사람의 마음을 얻는 호감과 반감은 대부분 아주 작은 행동에서 결정되기 때문이다. 답장을 늦추지 않는 일이나 고마움을 표현하는 기본적인 예의, 세심한 배려가 사람들의 기억에 남는다.

세심한 배려는 비용이 거의 들지 않으면서도 깊은 신뢰를 만들어 준다. 반대로 사소한 무례는 깊은 실망을 남긴다. 체스터필드는 환영받을 때와 물러설 때를 구별할 줄 아는 사회적 감각을 지혜로 보았다. 지혜가 없는 사람은 자신도 모르게 타인에게 부담이 되고, 결국에는 관계와 기회를 모두 잃게 되는 것이다.

건강을 대하는 태도와 잃은 시간을 만회하려는 자세 또한 사람을 평가하는 중요한 기준이다. 철저한 자기 관리는 책임감을 나타내며, 젊을 때 시간을 집중해 쓰라는 조언은 성장하려는 의지 자체가 곧 사람의 품격임을 말해주는 것이다.

이 편지의 핵심 메시지는, 좋은 평판은 타고난 재능이나 극적인 행동이 아니라, 매일 반복되는 사소한 태도에서 만들어진다는 것이다. 사람의 품격은 극적인 순간이 아니라 일상의 작은 배려가 쌓일 때 드러난다.

품위는 능력을 빛내고
부족함을 메운다

1749년 11월 3일

사랑하는 아들아,

나는 네가 태어난 순간부터 지금까지 가장 완성된 인간으로 자라기를 바랐다. 덕과 명예는 이미 네 안에 있고, 학문 또한 충분히 쌓였다고 본다. 이제 네게 필요한 것은 단하나다. 내가 앞으로도 여러 편지에서 되풀이해 말하게 될 주제, 그것은 바로 품위다.

품위란 섬세한 감수성과 약간의 선의, 타인을 위해 작은 불편쯤은 기꺼이 감수하려는 마음에서 비롯되는 것이다. 그 형식은 시대마다 달라지지만, 본질은 언제나 배려와 절제다. 사회가 도덕으로 유지되듯, 공동체는 품위로 유지된다. 무례함은 도덕적 결함만큼이나 사람을 공동체에서 멀어지게 한다.

지위가 높은 사람 앞에서 겉으로만 공손함을 보이는 일은 누구에게나 흔한 일이다. 그러나 세련된 사람은 공손함을 자연스럽고 편안하게 드러낸다. 오히려 신분이 비슷한 사람이 모인 자리일수록 품위는 더욱 중요해진다. 경청과 배려, 자리를 양보하는 태도 등은 어떤 상황에서도 변하지 않는 기본인 것이다.

무례함이 가장 쉽게 드러나는 곳은 가까운 관계에서다. 친밀함이 무례함의 면죄부가 될 수는 없다. 예의를 잃는 순간 친근함은 천박함으로 바뀌고, 관계는 쉽게 경멸로 변한다. 좋은 관계를 오래 유지하는 힘은 절제된 예의에서 나온다는 것을 잊지 말아라.

마지막으로 이것만은 반드시 기억하거라. 아무리 깊은 학문도 품위가 없으면 유식한 체하는 허세에 불과하고, 품위가 없는 사람은 중요한 자리에서 오래 머물 수도 없다. 그러니 하루의 절반만이라도 품위를 네 마음과 행동의 기준으로 삼기를 바란다. 그것은 네 능력을 빛내고 때로는 너의 부족함마저 가려주는 든든한 보호막이 될 것이다. 신의 축복이 늘 너와 함께하길 바라며, 부디 잘 지내거라.

너의 아버지로부터

체스터필드의 가르침

체스터필드는 품위를 단순한 예절이 아닌, 어떤 상황에서도 자신을 잃지 않게 하는 내면의 힘으로 정의한다. 감정이 흔들릴 때나 상대의 지위가 달라졌을 때도 배려하고 절제하는 능력이 바로 품위인 것이다. 진정한 품위는 남들이 볼 때만 꺼내는 태도가 아니라, 아무도 보지 않더라도 자연스럽게 작동하는 내면의 힘이다.

그는 친밀함이 무례함을 정당화하지 않는다고 단호하게 말한다.

오히려 가까운 관계에서 드러나는 태도가 사람의 본성을 가장 정확하게 보여준다고 강조한다. 존중과 절제를 잃는 순간, 관계는 신뢰에서 멀어지고 냉소로 바뀌기 쉽다. 품위는 관계를 오래 유지하는 가장 현실적인 기술이며, 상대의 감정과 자존심을 다치지 않게 하는 섬세한 배려의 총합이다.

그리고 체스터필드는 예의를 사회적 윤리로 보았다. 도덕이 사회를 유지하듯, 예의는 일상을 지탱한다. 무례함은 서서히 그러나 확실하게 기회의 문을 닫고 사람들을 멀어지게 만든다. 그래서 품위는 생존의 기술이며 덕과 지식, 능력이 실제 삶에서 제대로 작동하게 만드는 결정적 요소다.

마지막으로 품위는 하루아침에 생기는 것이 아니라 관찰과 배려, 절제와 같은 습관이 반복되며 서서히 단단해지는 것이다.

이 편지의 핵심 메시지는, 품위는 외형이 아니라 사람의 내면에서 비롯되며 그것을 지켜낸 사람만이 끝까지 존중받는다는 것이다.

진정한 품위는 남들이 보는 데서가 아니라, 스스로 지키는 태도에서 비로소 드러난다.

외유내강을
삶의 원칙으로 삼아라

1750년 3월 29일

사랑하는 아들아,

지금 너는 나폴리라는 새로운 공간에 있구나. 그곳은 수많은 유적과 풍경뿐 아니라, 궁정과 사람들 그리고 대화와 분위기에서도 배울 것이 많은 곳이다. 나폴리는 눈으로 감상하는 도시이자 사람을 통해 배우는 도시다.

궁정에서는 세련된 매너와 부드러운 태도, 유연한 사고를 배우게 될 것이다. 적 앞에서도 품위를 잃지 않는 법, 겉으로는 가볍고 여유 있어 보이되 속으로는 단단함과 신중함을 지키는 기술도 배우게 될 것이다. 이런 기술은 민첩함과 순발력, 예리한 관찰력으로 길러진다.

나폴리에서도 폴리아니 부부처럼 세련된 사람들과 어울리며, 영국인 특유의 딱딱함과 지나친 격식은 잠시 내려놓거라. 오전에는 고대의 학문을 통해 사고를 단련하고, 오후에는 현대의 사람들과 교류하며 사회적 감각을 기르도록 해라. 이 두 가지는 서로 다른 방식으로 이뤄지지만, 함께할 때 비로소 너를 완성 시킬 것이다.

아울러 나폴리의 역사와 정치도 간단히 공부하길 바란다. 배경지식이 있어야 질문이 깊어지고, 양질의 정보를 얻을 수 있다.

너라는 훌륭한 캔버스에는 이미 라파엘의 밑그림이 그려져 있다. 이제 필요한 것은 티치아노의 색채와 귀도 레니의 우아함, 즉 부드러움과 균형미다. 이 시기에 그것을 얻지 못하면 훗날에는 훨씬 더 큰 노력으로도 채우기 어려울 것이다. 신의 축복이 늘 너와 함께하길 바라며, 부디 잘 지내거라.

　　　　PART Ⅳ 품격의 등대 인생의 목적지를 비춰주다

체스터필드의 기르침

체스터필드는 사회에서 진정으로 강한 사람은, 부드러움과 단단

함을 함께 지닌 사람이라고 말한다. 부드러움은 약함이 아니라 관

계를 열고 기회를 만드는 기술이며, 단단함은 내면에서 비롯된 판

단력과 절제 그리고 흔들리지 않는 중심이다. 겉으로는 유연하고

편안해 보이되, 속으로는 상황을 정확히 읽고 중심을 잃지 않는

균형감이 사회적 신뢰를 만드는 것이다.

그는 배움 또한 두 개의 축으로 설명한다. 오전의 학문은 사고력

과 지적 토대를 다지고, 오후의 사교는 인간관계를 이해하는 감

각을 기른다. 어느 한쪽만으로는 성숙함에 이르기 어렵다. 지식과

교양이 기반이라면, 우아함과 부드러움은 그 기반이 현실에서 힘

을 발휘하게 하는 연결 장치인 것이다. 그래서 좋은 사람들과 어

울리는 것이 최고의 학교가 되기도 한다.

사람의 수준은 자신을 둘러싼 환경에서 형성된다. 세련된 사람들과 나누는 대화에서는 사회적 감각을 자연스럽게 배울 수 있는데, 이는 독서로는 얻기 어려운 소중한 경험이다.

그리고 인생이라는 작품은 단단한 뼈대만으로 완성되는 것이 아니라, 마지막에 더해지는 손길에서 비로소 완성된다고 덧붙인다. 능력과 지식이 밑그림이라면, 우아함과 균형 그리고 부드러움은 그 위에 생명을 불어넣는 마지막 붓질인 것이다. 이를 젊은 시절에 익히지 못하면, 훗날에는 많은 노력으로도 채우기가 어렵다.

이 편지의 핵심 메시지는, 사람은 겉모습에서 드러나는 부드러움과 내면의 단단함 사이의 균형이 중요하다는 것이다. 이런 균형이 사회적 신뢰를 얻고 삶의 수준을 결정하는 것이다.

성숙함은
자신을 다스리는 능력이다

1751년 4월 7일

사랑하는 아들아,

네가 부탁했던 선물들을 함께 보낸다. 선물의 크기나 값보다 더 중요한 것은 그것을 어떻게 전달하느냐다. 아무리 큰 호의라도 투박하고 성의 없게 전하면 불쾌함을 줄 수 있고, 반대로 다소 불편한 부탁이라도 예의를 지켜 세련되게 전하면 상대에게 호감을 줄 수도 있다.

이런 섬세한 기술은 반드시 익혀야 한다. 그것은 연금술

사의 비밀보다도 훨씬 값진 자산일 것이다. 이런 기술은 궁정에서 배울 수 있다. 궁정은 수많은 이해관계가 부딪히는 곳이지만, 예절과 절제가 그 충돌을 부드럽게 다스리는 공간이란다. 그러니 베르사유와 생클루 궁정에서 사람들의 호감을 얻는 법을 배우고 기회를 포착하는 감각을 길러보거라. 젊은 시절에 받는 총애는 비교적 쉽게 얻어지고 달콤하지만, 오래 이어지지는 않는다는 사실을 기억하렴. 그러니 그 시간을 헛되이 흘려보내지 말고 현명하게 활용해야 한다.

너는 곧 궁정이라는 중요한 무대에 서게 될 것이다. 앞으로의 2년은 너 자신을 정교하게 다듬는 시간이 될 테니, 비밀은 철저히 지키고 말은 언제나 알맞은 단어와 그에 어울리는 표현 방식으로 다뤄야 한다.

학문은 이미 충분하다고 생각한다. 이제 네게 필요한 진짜 공부는 사람을 보는 법이다. 낮에는 사람을 관찰하고 밤에는 그들을 이해하려고 애쓰거라. 그리고 집사에게 말할 때조차 가장 품위 있는 말투를 쓰는 습관을 들이거라.

지금 네게 필요한 것은 세련된 말하기와 사회적 감각이

다. 그것들은 타고나는 재능이 아니라 부단한 노력으로 충
분히 얻을 수 있는 것들이니 노력하기를 바란다. 신의 축복
이 늘 너와 함께하길 바라며, 부디 잘 지내거라.

너의 아버지로부터

체스터필드의 가르침

체스터필드에게 성숙함은 타인을 이기는 능력이 아니라, 자신을
다스릴 줄 아는 힘이다. 끓어오르는 감정을 누르고 서두르고 싶을
때도 절차를 지키며, 튀어나오려는 말을 정제된 단어로 가다듬는
일련의 선택이 성숙하게 만든다. 그는 언제나 능력보다 태도와 방
식을 먼저 살필 줄 아는 사람이 더 큰 신뢰를 얻는다고 강조한다.
그리고 같은 행동이라도 '어떻게 하느냐'에 따라 전혀 다른 결과
를 낳는다고 가르친다. 선물과 부탁, 거절과 사소한 말 한마디도
전하는 방식에 따라 사람의 마음은 열리기도 하고, 굳게 닫히기도

한다. 성숙함이란 옳은 말을 하는 것이 아니라 그것을 적절한 방식으로 전하는 데 있으며, 이것이 관계를 지키는 강력한 기술인 것이다.

궁정의 매너는 단순한 예절이 아니라, 절제에서 비롯되는 자기 관리의 기술이다. 그곳에서 요구되는 부드러운 태도와 세심한 배려, 유연한 몸짓은 모두 감정과 습관을 조율할 수 있는 내면의 힘을 전제로 한다. 체스터필드는 바로 이런 태도를 인간적 성숙함의 핵심 동력으로 보았다.

그는 진짜 공부란 책이 아니라 사람을 제대로 보는 과정에서 이뤄진다고 조언한다. 관찰하고 이해하는 시간이 쌓일수록 사회적 감각은 예리해지고, 기회를 포착하는 눈이 뜨인다. 성공은 비범한 능력에서 오는 것이 아니라, 매 순간 자신을 조절할 줄 아는 섬세한 통제력에서 결정된다는 점을 강조하고 있다.

이 편지의 핵심 메시지는, 인간적 성숙함은 충동을 이겨내는 연습에서 시작된다는 것이다.

자신을 다스릴 줄 아는 사람만이 가장 멀리 나아갈 수 있다.

겉모습에 머물지 말고
깊이 살펴보아라

1751년 6월 20일

사랑하는 아들아,

젊은 여행자 중에는 눈과 귀를 열고 여행하면서도, 정작 아무런 배움도 얻지 못하는 이들이 많은 것 같구나. 중요한 것은 어디를 다녔느냐가 아니라, 무엇을 어떤 방식으로 보고 들었냐는 것이다. 평범한 사람은 남들이 본 것을 그대로 따라 보지만, 능력 있는 사람은 같은 것을 보더라도 훨씬 더 깊이 관찰하고 자신의 목적과 닿아 있다면 끝까지 파고든다.

네가 정치의 길을 택했으니 이제 너의 관찰과 질문은 각 나라의 내부 구조를 향해야 한다. 정부 형태와 법, 관습과 무역 그리고 산업과 군대 같은 것들 말이다. 이런 지식은 책에서도 얻을 수 있지만, 경험이 많은 사람들과의 대화에서 훨씬 더 정확하게 얻을 수 있다. 그런 대화는 수십 권의 책을 읽는 것보다 훨씬 값진 경험이 될 것이다.

사람은 대체로 자신의 직업과 전문 분야에 대해 이야기하는 것을 좋아한다. 그러니 궁금한 것이 있다면 주저하지 말고 물어보거라. 그리고 들은 것은 반드시 기록으로 남겨두어라. 이렇게 차곡차곡 쌓인 지식은 훗날 외교와 협상의 자리에서 확실한 무기가 되며, 어떤 자리에서도 너를 돋보이게 할 것이다.

궁정에서도 일종의 잡담을 나누는데 유럽의 최근 사건이나 무도회, 군주들의 혼인과 같은 이야기들이 주를 이룬다. 나는 네가 이런 대화에서 결코 소외되지 않기를 바란다.

세상은 뛰어난 재능보다도 절제된 능력과 신중함을 가진 사람을 더 선호한다. 지나치게 뛰어난 능력으로 주변을 위협하는 사람보다, 맡은 일을 무리 없이 해내며 신뢰를 쌓는 사람이 더 오래 살아남는 법이다. 그러니 훌륭한 사람들과 자주 어울리고 궁정을 낯선 공간이 아닌, 네가 자라날 토양으로 만들기를 바란다. 그렇게 세상을 경험하다 보면 사소한 주제조차도 우아하게 말하고 쓸 수 있게 될 것이다. 신의 축복이 늘 너와 함께하길 바라며, 부디 잘 지내거라.

너의 아버지로부터

체스터필드의 기르침

체스터필드에게 인간적 성숙함은 많은 경험에서 비롯되는 것이 아니라, 그 경험을 제대로 이해하고 해석할 수 있는 눈에서 시작된다고 보았다. 단순히 보는 데 그치지 않고, 현상을 구조적으로 이해하고 사건을 맥락 속에 재배치하며, 표정 뒤 숨은 의도까지 읽어내는 능력이 성숙함의 출발점인 것이다. 그는 세상을 지혜롭

게 사는 사람일수록 경험의 양보다는 질을, 사건 자체보다는 그것

을 어떻게 해석하느냐를 더 중요하게 여긴다고 강조한다.

그리고 사회와 정치, 조직에서의 결정적인 정보는 책이 아닌 사

람에게 있다는 사실을 일깨운다. 조직 내부의 실무자와 나누는

대화에서 실제 권력의 구조와 전략, 이해관계가 그대로 드러나기

때문이다. 이런 지식은 독서만으로는 얻을 수 없으며, 세심한 관

찰과 적절한 질문 그리고 반복된 대화를 통해 얻을 수 있다고 조

언한다. 다시 말해, 사람을 통해 배우는 태도야말로 가장 중요한

학습 능력이다.

체스터필드는 스몰톡을 하찮은 잡담이 아닌 '사회적 언어'로 보았

다. 깊은 이야기만 고집하는 사람은 오래가지 못하고, 상황에 맞

게 대화의 깊이를 조절할 줄 아는 사람이 신뢰와 호감을 얻는다.

궁정뿐 아니라 모든 조직에서 스몰톡은 관계의 문을 여는 가장 실

용적인 기술이다.

아울러 그는 재능이 뛰어나지 않아도 오래 살아남는 사람들의 존

재 이유를 설명한다. 선을 지키는 태도와 분위기를 읽어내는 감

각, 세심함과 균형감 같은 재능은 눈에 띄는 능력보다 조직 안에

서 훨씬 더 오래 작동한다. 성장은 지식을 얼마나 많이 아느냐가

     PART IV 품격의 등대 인생의 목적지를 비춰주다

아니라, 관찰력과 사회적 감각 그리고 적절한 균형을 유지하는 힘에서 이뤄지는 것이다.

이 편지의 핵심 메시지는, 인간적 성숙함은 단순히 나이에서 비롯되는 것이 아니라, 세심한 관찰을 통해 길러진다는 것이다. 세상을 바라보는 법을 제대로 배운 사람만이 남들과 다르게 살아갈 수 있다.

금괴 같은 재능보다
잔돈 같은 기술이 필요하다

1752년 9월 19일

사랑하는 아들아,

네가 하노버에 머무는 동안 편지가 뜸해져서 너의 소식을 자세히 알기가 어렵구나. 네 건강은 어떤지 의사는 뭐라고 했는지, 또 그곳에서 누가 너에게 호의를 보이는지와 같은 사소한 일들을 나는 무엇보다 먼저 알고 싶다.

네가 군인들의 행군과 사열을 눈여겨보고 있다는 말은 무척 반갑구나. 비록 네가 군인의 길을 택하지는 않았지만,

군사 문제는 어느 나라에서나 대화와 협상의 중요한 주제가 된다. 그러니 훈련 장면을 그냥 보는 데 그치지 말고 급여와 보급 체계, 숙영과 야전의 차이 그리고 병력의 구성처럼 군대의 세부적인 내용까지 함께 살펴보길 바란다. 이런 지식을 갖추면 군인들과도 훨씬 자연스럽게 대화를 나눌 수 있을 것이다. 더구나 군인들은 유럽의 사교계에서 상당히 중요한 위치를 차지하고 있으니 말이다.

장교들은 대체로 예의 바르고 세련되었으며, 세상과 궁정을 모두 경험한 사람들이다. 이런 사회적 품격은 책이나 재능만으로는 얻기 힘든 자질이다. 나는 위대한 천재들을 존경하지만, 일상의 대화에서는 그들보다 경험이 많고 사교적인 군인이 훨씬 더 즐거운 대화 상대가 되었다.

금괴는 매우 귀하지만 실제 생활에서 쓰기에는 불편하고, 잔돈은 비록 사소해 보이지만 생활에 늘 필요한 것이다. 세상일도 이와 다르지 않다. 지식은 갖추되, 사람들과 자연스럽게 어울릴 수 있는 감각을 함께 길러야 한다. 사람들은 그럴듯한 이유보다 익숙함에 더 쉽게 마음을 연다. 특별한 이유 없이도 자주 얼굴을 비치고 친숙하다는 이유로

후원의 기회를 거머쥐는 경우를 수없이 보아왔다. 그러니 그럴듯한 말에 기대기보다 사람들이 현실에서 실제로 무엇에 반응하는지를 직접 관찰하고 배워야 한다.

아주 사소해 보이는 원인이 중대한 결과를 낳는 일은 세상에서 드물지가 않다. 어디에 있든 늘 건강하고 즐겁게 지내기를 바란다. 신의 축복이 늘 너와 함께하길 바라며, 부디 잘 지내거라.

너의 아버지로부터

체스터필드의 가르침

체스터필드는 세상을 움직이는 힘이 거대한 지식이나 천재적인 재능이 아니라, 작고 일상적인 기술의 축적에 있다고 말한다. 재치 있는 한마디와 자연스러운 태도, 편안한 존재감과 작은 보고의 습관 같은, 이른바 '잔돈 같은 기술'이 관계를 열고 기회를 만든다

 사람은 논리보다 익숙함에 더 쉽게 마음을 열기 때문이다.

그리고 그는 구조를 보는 눈의 중요성을 강조한다. 어떤 조직이든 겉으로 드러난 화려함만 좇다 보면, 그 안에서 배울 수 있는 것은 거의 없다. 급여 체계나 물자 운영, 직무 배치와 성과 평가처럼 눈에 보이지 않는 체계가 조직을 움직이는 것이다. 이런 구조를 읽을 수 있는 사람이 판단과 영향력의 중심에 서게 되며, 이것은 거의 모든 조직에 적용되는 보편적인 원리다.

체스터필드는 신뢰의 본질에 관해서도 설명한다. 사람은 스스로 먼저 나서서 말하는 이를 신뢰한다. 보고하지 않은 사람의 뒤늦은 설명은 변명처럼 들리지만, 먼저 보고하는 사람의 태도는 투명함을 드러낸다. 관계는 작은 정보의 교환에서 자라며, 성숙함은 자기 보고의 습관에서 시작되기 때문이다.

그는 또 사람의 동기를 복잡하게 해석하기보다, 반복되는 습관과 성향에서 찾으라고 조언한다. 인간은 논리의 존재라기보다 반복의 존재이기 때문이다. 익숙한 방식이 선택을 만들고 그 흐름을 읽어내는 관찰력은 곧 중요한 삶의 기술이 된다.

이 편지의 핵심 메시지는, 금괴 같은 재능보다 잔돈 같은 기술이

인생을 바꾼다는 것이다. 사회는 거대한 능력보다 일상에서 드러

나는 사소한 배려를 더 필요로 한다.

체스터필드가 전하는
품격 있는 삶의 태도에 관하여

체스터필드의 편지는 비록 18세기의 기록이지만, 그 중심에는 오늘의 우리에게도 여전히 유효한 질문이 놓여 있다.

"어떻게 살아갈 것인가, 어떤 사람이 될 것인가"

그는 아들에게 지식을 쌓기 전에 먼저 태도를 다듬고, 능력을 갖추기 전에 품위를 세우며, 속도를 높이기 전에 방향부터 점검하라고 조언했다. 우리는 이 편지들을 따라 읽으며, 오래된 질문 앞에 다시 섰다.

시대는 변해도 성장의 원리는 크게 달라지지 않았다.

세상과 사람을 읽는 관찰력, 자신을 단단하게 만드는 자기 관리, 관계를 쌓고 예의를 실천하는 힘 그리고 더 나은 선택을 가능하게 하는 판단력이 인생의 흐름을 결정하는 것이다. 이 모든 것은 처세술이 아니라, 자기 삶을 채워가는 기술이다.

이 책에서 우리가 발견한 것은 '성장의 방법'뿐 아니라 '성장의 방향'이다. 그 방향은 복잡한 이론이 아니라, 매일의 시간을 어떤 태도로 살아가느냐에 관한 문제였다.

성장은 거대한 도약이 아니라, 아주 작은 태도의 반복에서 시작된다

체스터필드의 문장을 따라가다 보면, 삶이란 아주 사소한 행동들이 꾸준히 쌓인 결과라는 사실을 깨닫게 된다.

오늘 한 사람을 조금 더 주의 깊게 바라보고,

오늘 한 문장을 조금 더 정확하게 말하고,

오늘 한 걸음을 조금 더 품위 있게 옮기며,

오늘 나를 성장시키는 사람과 시간을 보내고,

오늘 작은 원칙 하나를 끝까지 지켜내는 일.

이처럼 사소해 보이는 선택들이 1년 뒤, 5년 뒤, 10년 뒤에는 완전히 다른 인생을 만들어낸다. 성장은 요란하지 않다. 다만 매일 조금씩 쌓이는 미세한 차이가, 어느 순간 누구도 무시할 수 없는 차이로 바뀔 뿐이다.

결국, 가장 오래 남는 것은 나를 움직이는 내면의 기준이다

우리는 살아가며 수많은 기준에서 흔들린다. 타인의 평가, 비교에서 오는 압박, 빠른 성과를 요구하는 세상이 우리를 조급하게 만든다.

그러나 체스터필드는 분명히 말한다.

"성숙함은 타인의 기준이 아니라, 스스로 세운 기준을 따라 사는 데서 비롯된다."

타인에게 잘 보이기 위해 선택한 삶은, 결국에는 어느 지점에서 자신을 잃게 만든다. 반대로 내면의 기준을 지키며 선택한 삶은, 느리더라도 확실하게 자신의 삶을 단단하고 우아하게 만든다. 성숙함은 엄청난 도덕성이 아니라, 매일의 작은 선택을 일관되게 지켜내는 힘이다. 그 힘이 쌓여 품격이 되고, 품격은 인생을 만든다.

이제 질문은 우리에게로 돌아온다

오늘, 나는 어떤 사람이 되고 싶은가?

오늘, 나는 무엇을 기준으로 선택하고 있는가?

오늘의 행동은, 내일의 삶을 어느 방향으로 이끌고 있는가?

이 책은 정답을 주지 않는다. 대신 스스로 답을 찾아가도록 도울 뿐이다.

당신의 다음 1년이 달라지길 바란다

체스터필드가 아들에게 남긴 조언처럼, 이 책 역시 당신에게 이렇게 말한다.

"당신의 삶을 결정하는 것은 품격이며, 품격은 당신의 선택으로 완성된다."

체스터필드의 편지들을 지나온 지금, 당신은 이미 예전과는 다른 눈으로 자신의 삶을 바라볼 것이다. 이제 남은 일은 단 하나, 당신 자신의 삶에서 이 편지를 새롭게 써 내려가는 것이다.

오늘의 작은 선택이 당신의 삶을 더 깊고 단단하게 만들기를 바란다. 그 선택들이 모여 당신의 품격 있는 삶이 조용히 그리고 오래도록 이어지기를.

Letters

to His Son

언젠가 눈부시게 홀로 설, 그대에게
체스터필드가 전하는 품격 있는 삶의 태도에 관하여

초판 1쇄 발행 2026년 4월 7일

지은이   필립 체스터필드
편 역   문서연
펴낸이   신영병
마케팅   이지은
편 집   신잎
디자인   studio O-H-!

펴낸곳   한가한오후
출판등록   2024년 5월 23일 제2024-000129호
주 소   서울특별시 영등포구 경인로 706, 6층 6341호(문래동1가, 한양빌딩)
문 의   boneseyou@naver.com
인스타그램   @hangahanpm

정가 16,800원
ISBN 979-11-990406-8-7 (03320)